서술형 X 내신
중학 영문법

실력 향상을 위한 최적화된 코스

핵심 문법 반복
그리고 영작 폭탄!!

2,500여 개의 전국 중학교 기출 문제 및 교과서 완전 분석 후 반영

다년 간의 강의 노하우와 원장님의 마음을 담은 교재

교육부지정 초등파닉스 영단어800

교육부 지정 초등 파닉스 영단어 800

저자 | 김찬수, 이선미, Katy Mason
편집 | 타보름 교재 개발팀
디자인 | Raul Kim
일러스터 | Mugi 외 Illust AC
발행일 | 개정 1쇄 2019년 3월 15일
　　　　개정 4쇄 2025년 3월 1일
발행처 | 타보름 교육
홈페이지 | cafe.naver.com/dismoi

파본은 구매처에서 교환해 드립니다.

목차

cafe.naver.com/dismoi

1장 파닉스

알파벳(ALPHABET)이란?

> 알파벳이란 자음과 모음으로 나뉜 문자 체계를 의미합니다.
알파벳은 26자의 자음과 모음으로 이루어져 있습니다.
고대 로마인이 사용하던 문자였으나, 오늘날까지 전해져
전 세계 80여개 언어를 표기하는데 사용하고 있습니다.

알파벳
ALPHABET

대문자 26개

ABCDEFGHIJKLMNOPQRSTUVWXYZ

소문자 26개

abcdefghijklmnopqrstuvwxyz

> 알파벳은 모음과 자음의 결합 방식에 따라서 같은 문자나,
구성요소가 유사하더라도 발음하는 방식이 달라집니다.

영어 알파벳 "모음"

대문자 A, E, I, O, U
소문자 a, e, i, o, u

영어 알파벳 "자음"

대문자 B, C, D, F, G, H, J, K, L, M, N, P, Q, R, S, T, V, W, X, Y, Z
소문자 b, c, d, f, g, h, j, k, l, m, n, p, q, r, s, t, v, w, x, y, z

> 알파벳으로 구성된 단어와 글을 읽기 위해서는
고유 결합 방식에 의거한 발음 법칙을 알아야 합니다.

알파벳의 명칭과 소릿값

A a 에이 에이, 애, 어, 이	**B b** 비 ㅂ	**C c** 씨 ㅋ, ㅅ, ㅆ	**D d** 디 ㄷ	**E e** 이- 에, 이-	**F f** 에'프 'ㅍ
G g 쥐 ㄱ, ㅈ	**H h** 에이취 ㅎ	**I i** 아이 이, 아이	**J j** 제이 ㅈ	**K k** 케이 ㅋ	**L l** 엘 (을)ㄹ, ㄹㄹ
M m 엠 ㅁ	**N n** 엔 ㄴ	**O o** 오우 아, 오, 오우, 어	**P p** 피 ㅍ	**Q q** 큐 ㅋ	**R r** 알 로, 루
S s 에스 ㅅ, ㅆ, ㅈㅇ	**T t** 티 ㅌ	**U u** 유 어, 우, 아, 이, 유-	**V v** '브이 'ㅂ	**W w** 떠블유 우	**X x** 엑스 ㅋ-ㅈ, ㅋ-ㅅ, ㅈㅇ
Y y 와이 이, 아이	**Z z** 제이ㅇ ㅈㅇ				

파닉스(PHONICS)는 무엇일까?

> 한글에서 [ㄱ]이 [기역], [ㅏ]가 [아]로 발음되며, 이 둘이 조합되면 [가]로 발음되는 조합 규칙처럼 알파벳도 자음과 모음의 조합에 따라서 발생하는 고유의 발음 규칙이 있습니다.

때문에 영어학습자가 이러한 영어 문자 발음의 조합 방식을 알면 영어학습에 많은 도움이 됩니다.

> 전 세계 모든 문자가 발음 자체 그대로를 완전하게 반영하지 못합니다.

한글은 쓰인 글과 발음이 대체로 비슷한 편이지만, 영어는 그 불일치의 정도가 큽니다.

영어 발음이 고대 로마시대 이래로 다양한 민족 언어 문화에 영향을 받아 변화한 탓입니다.

또한 대모음추이(THE GREAT VOWEL SHIFT)라 불리는 엄청난 변화의 시간도 보냈습니다.

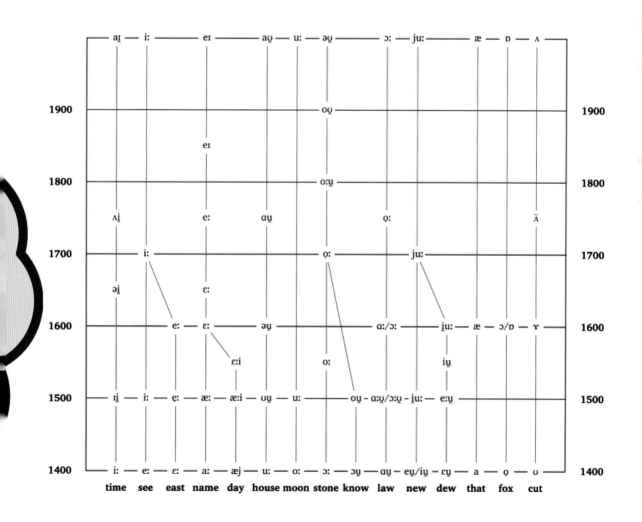

대모음추이는 무엇일까?

대모음추이는 15세기에서 16세기까지 불과 200년 사이에 벌어진 영어 발음의 엄청난 변화기였습니다. 이렇듯 단기간에 발음체계가 급격히 변화한 일은 드뭅니다. 이 시기에 영어는 모든 모음의 발음이 뒤바뀌고 발음이 다양해졌습니다. 그에 반해 활판 인쇄 표기는 15세기 이후로 거의 변화하지 않았습니다. 그로인해 오늘날의 영어의 철자와 발음이 대부분 일치하지 않게 되었습니다.

이러한 영어 철자에 따른 발음을 '**로마자 표기법 기준**'이나 전통적인 '**한국형 발음**'에만 의존하는 학습으로는 영어 문자를 온전히 읽을 수 없습니다. 또한 영어를 제대로 알아 듣지 못해 결국 오랜 시간을 들여 영어를 공부하더라도 제대로 소통할 수 없습니다.

영어의 학습자라면 영어를 도대체 어떻게 읽고 어떻게 들어야 하는가 하는 의문이 생길 것입니다. 파닉스(PHONICS)란 그런 영어 문자와 발음 간의 불일치에 대해 과학적인 규칙성을 찾아내어 발음 중심의 언어 학습을 하는 것을 의미합니다.
파닉스를 통해 영어 특유의 복잡한 발음의 규칙성을 약간이라도 파악한다면, 보다 더 나은 영어를 학습할 수 있습니다.

이제는 영어의 읽기, 듣기, 말하기 모두가 포괄적으로 중요한 시대입니다. 그 모든 부분에 있어서 파닉스 학습이 미치는 영향은 결코 작다고 할 수 없습니다. 영어는 단지 글로만 쓰여진 것이 전부가 아니기 때문입니다.

파닉스는 기존의 왜곡된 영어 발음을 바로 잡는 도구입니다.

파닉스 학습을 위한 용어 설명

초성 - 한글에서 한 음절 단위에서 들어가는 첫번째 소리인 자음. 예) [한]에서 [ㅎ]이 초성이다.

중성 - 한글에서 한 음절 단위에 들어가는 중간 소리인 모음. 예) [한]에서 [ㅏ]가 중성이다.

종성 - 한글에서 한 음절 단위에 들어가는 마지막 소리인 자음. 예) [한]에서 [ㄴ]이 종성이다.

모음 - 한글에서 중성에 들어가는 글자이다. 알파벳에서는 [a, e, i, o, u]가 모음이다.

자음 - 한글에서 초성과 종성에 들어가는 글자이다. 알파벳에서는 [a, e, i, o, u]를 제외한 나머지이다.

이중모음 - 알파벳 모음 2개가 연속된 세트 형태로 각각 고유의 발음이 있다. (ae, au, ai, ei, eo, ee, ea, oo, ou… 등. 한글에서는 ㅢ, ㅟ, ㅐ, ㅘ, ㅝ 등.)

이중합자 - 이중모음과 반모음&반자음, 이중자음 등도 포괄하여 알파벳 2개를 함께 같은 음으로 발음하는 세트 형태이다. (gh, ph, th, ce, er, cy, ch, ck… 등)

묵음 - 문자로는 표시되나 실제로는 발음하지 않는 것을 의미한다.

반모음&반자음 - 알파벳에서 모음과 자음의 성격을 반씩 가진 형태

어초 - 영어 단어의 첫머리 부분으로 [words]에서 [w]가 어초에 해당한다. 이중합자인 어초는 [phone]의 경우 [ph]가 해당한다.

어중 - 영어 단어의 중간 부분으로 [words]에서 [o, r, d]에 해당한다.

어말 - 영어 단어의 마지막 부분으로 [words]에서 [s]에 해당한다. 이중합자의 어말은 [check]의 경우 [ck]가 해당한다.

모음 발음표

단모음 Short vowels		이중모음 & 반모음 Double & Semi vowels	
a	애, 어, 이	ar, ah	아, 어-
e	에	ei, y	아이
I	이	al	알, 앨, 얼, (ㅗ)얼
o	아, 오, 오ㅜ, 우, (ㅗ)어, 어	ai, ay, ei	에이
u	어, 우, 아, 이	ea	에
장모음 Long vowels		ea, ee, eo, ey, ei	이
		ar, al, au, ou, or, ir, er	어
a	에이	au	(ㅗ)ㅏ, 애
e	이-	al ,ur	얼
i	아이	or	오, 오어, 오ㄹ
o	오우	ou, ow	아우
u	유-	oa ,ou, ow	오우
묵음 Silent		ou, oo, w	우
		eau, ew, eu	유
		y, yi	이
a, e, o		ya	야
		yo	요
		ye	예

자음 발음표

자음 Consonants		이중자음 & 반자음 Double & Semi consonants	
b	ㅂ, 묵음	ce	ㅅ, ㅆ, 세, 쎄
c	ㅋ, ㅅ, ㅆ, 묵음	cy	싸이, 시
d	ㄷ, 묵음	ch	ㅋ, ㅊ, -치
f	'프, '브	ck	ㅋ
g	ㄱ, ㅈ, 묵음	en	은, 인, 잉
h	ㅎ, 묵음	fr	'프루, '프로
j	ㅈ	fl	'플ㄹ
k	ㅋ, 묵음	gh	'ㄱ, '프, 묵음
l	(을)ㄹ, ㄹ-ㄹ, 묵음	-ion	ㅈ연, 션
m	ㅁ	-ian	연, ㅣ언, 언
n	ㄴ, 묵음	ng	ㅇ, ㅇ-ㄱ
p	ㅍ, 묵음	nk	ㅇ-ㅋ
q	ㅋ	ph	'프
r	로, 루	pr	프루, 프로
s	ㅅ, ㅆ, ㅈㅇ, 묵음	pl	플ㄹ
t	ㅌ, 묵음	qu	쿠
v	'ㅂ	sh	쉬, 시
w	우, 묵음	sw	ㅅ우
x	ㄱ-ㅈㅇ, ㅋ-ㅅ(ㅆ), ㅈㅇ	th	써, 떠ㅎ
y	이, 아이	wh	우
z	ㅈㅇ	xh	ㅋ-ㅈㅇ, ㅋ-ㅆ

[A 에이, 애, 어, 이, 묵음]

에이 1. [A] 뒤에 모음이 하나이거나 반모음, 이중모음이 혼합되는 경우 [에이]로 발음한다.
　　　 2. [A]뒤에 [Y, I]가 따르는 경우 [에이]로 발음한다.

플레이 play	데이ㅌ date	케잌 cake	뤠이디오ㅜ radio	데인저- danger

애　　　모음이 [A] 하나만 있는 경우나, [A] 뒤로나 함께 이중자음이 될 경우 [애]로 발음한다.

애플 apple	배드 bad	블랙 black	'팩ㅌ fact	피애노ㅜ piano

어

어메리커 America	커셋 cassette	어파-ㅌ먼ㅌ apartment	버(을)룬 balloon	버내나 banana

이

이미지- image	메시지- message	대미지- damage	'빌리쥐- village	썰-'피ㅅ surface

묵음　　[자음]+[A]+[L] 의 형태인 경우 대체로 [A]를 발음하지 않는다.

애니믈 animal	토ㅜ틀 total	ㅅ캔들 scandal	(을)로ㅜ클 local	글로ㅜ블 global

[AR, AH 아] [AU (ㅗ)ㅏ, 애]

아 : AR, AH   주로 어초나 어말에 올 때 [아-]로 발음한다.

암	기타-	하-ㄷ	카-
arm	gui**tar**	h**ar**d	c**ar**

AU : (ㅗ)ㅏ   [AU]가 어초에 올 때 가상의 [(ㅗ)]를 앞에 두고 [ㅏ]로 발음한다.   애 : 예외

(ㅗ)ㅏ서터	(ㅗ)ㅏ텀	(ㅗ)악션	(ㅗ)ㅏ디오	앤트
author	**au**tumn	**au**ction	**au**dio	**au**nt

[AR 어-]

캘린더-	'패밀리어-	커-션
calend**ar**	famili**ar**	c**au**tion

[AL 알, 앨, 얼, (ㅗ)얼]

알커헐	유쥬얼	(ㅗ)얼웨이ㅈㅇ	(ㅗ)얼뤠디
alcohol	usu**al**	**al**ways	**al**ready

play 재생, date 날짜, danger 위험, bad 나쁜, black 검은색, fact 사실, cassette 카세트, apartment 아파트, balloon 풍선, image 화상, message 전갈, damage 피해, village 마을, surface 표면, animal 동물, total 전체의, scandal 추문, local 지역의, global 전 세계의, 공모양의, arm 팔, hard 단단한, car 자동차, author 저자, autumn 가을, audio 음성, aunt 고모, 이모, calendar 달력, familiar 친한, caution 조심, alcohol 술, usual 일반적인, always 항상, already 벌써

[B ㅂ, 묵음]

ㅂ   초성과 종성에서 [ㅂ]으로 발음한다.

북	브(ㅗ)알	베이비	빅
b**ook**	b**all**	b**aby**	b**ig**

묵음

1. [M]뒤의 [B]는 발음하지 않는다.

클라임	밤	썸	툼
climb	bomb	thumb	tomb

2. [T]앞의 [B]는 발음하지 않는다.

다ㅜㅌ	뎉
doubt	debt

[C ㅋ, ㅅ, ㅆ, 묵음]

ㅋ [C] + [A, O, U]가 오면 주로 [ㅋ]로 발음한다.

카	카피	카'피	캩	컵
car	copy	coffee	cat	cup

ㅅ, ㅆ [C] + [I, Y]가 오면 주로 [ㅅ]와 [ㅆ] 사이로 발음한다.

바이식을	썰-클	펜슬	씨티
bicycle	circle	pencil	city

묵음

머쓸	씬	인다이트	싸이언스	씨ㅈ어
muscle	scene	indict	science	scissor

[CE ㅅ, ㅆ, 세, 쎄]

ㅅ, ㅆ 어초나 어말에 [CE]가 위치하고, [A, E, I, O, R]이 인접했을 때 [ㅅ, ㅆ]로 발음한다.

퍼(을)리스	피스	씰링	아이스
police	piece	ceiling	ice

세, 쎄 어초에 위치할 때 종종 [세]나 [쎄]로 발음한다.

센터-	센서	쎌러리
center	censor	celery

book책, ball공, baby아기, big큰, climb 등반하다, bomb폭탄, thumb엄지, tomb무덤, doubt의심스러운, debt빚, car자동차, copy 복사, coffee 커피, cat 고양이, cup 잔, bicycle 자전거, circle 원형, pencil 연필, city 도시, muscle 근육, scene 장면, indict 비난하다, science 과학, scissor 가위, police 경찰, piece 조각, ceiling 천장, ice 얼음, center 중앙, censor 감지기

[CY 싸이, 시]

싸이   어초가 [CY]로 시작되면 주로 [싸이]로 발음한다.

싸이버-
cyber

싸이클
cycle

싸이클로운
cyclone

시   어말에 [CY]가 위치하면 [시]로 발음한다.

'팬시
fan**cy**

에이전시
agen**cy**

ㅅ파이시
spi**cy**

머-시
mer**cy**

[CH ㅋ, ㅊ, -치]

ㅋ   그리스어에서 유래한 단어는 [CH]를 [ㅋ]로 발음한다.

커뤼ㅈ머
charisma

캐릭터-
character

ㅋ리스머스
Christmas

ㅋ리스쳔
Christian

ㅋ라닉
chronic

ㅊ   이외에는 대체로 [CH]를 [ㅋ]로 발음한다.

차이나
china

치-ㅈ
cheese

체인지-
change

차클럿
chocolate

-치   어말이 [CH]로 끝나는 경우 [-치]로 발음한다.

티치
tea**ch**

와치
wat**ch**

ㅅ위치
swit**ch**

[CK ㅋ]

ㅋ　　　　　[CK]는 어초에 오지 않고, 발음상의 종성으로만 쓰인다.

스틱
sti**ck**

티킽
ti**ck**et

트뤅
tru**ck**

촾스틱
chopsti**ck**

칙인
chi**ck**en

cyber 컴퓨터 상의, cycle 순환, cyclone 폭풍, fancy 공상, agency 대리인, spicy 매운, mercy 자비, charisma 지도력, character 성격, christian 기독교 신자, chronic 만성적인, china 중국, cheese 치즈, change 변화, chocolate 초콜 렛, teach 가르치다, watch 보다, switch 바꾸다, stick 막대기, ticket 티켓, truck 트럭, chopstick 젓가락, chicken 닭

[D ㄷ, 묵음]

ㄷ　어초, 어말에 위치하며, 발음상의 초성으로 쓰인다.

ㄷ(ㅗ)억	디스크	데ㄷ	다이나믹	챠일ㄷ
dog	disk	dead	dynamic	child

로ㅜㄷ	헤ㄷ
road	head

묵음　어중에서 [D]의 앞에 [웨, 앤, 앵] 발음이 나며 연결되는 경우 종종 [D]를 발음하지 않는다.

핸썸	쌘위치	웬ㅈㅇ데이	행커치′ㅍ
handsome	sandwich	Wednesday	handkerchief

[E 이, 에, 묵음]

이

이'벤트
event

쉬|
she

히
he

위
we

비
be

에

에그
egg

에세이
essay

엔진
engine

엔드
end

에'브리
every

묵음 [E]로 끝나는 경우, 직전 모음이 [에이, 아이, 유, 오우]로 발음될 때 [E]를 발음하지 않는다.

나이'ㅍ
Knife

드라이'ㅂ
drive

유ㅈㅇ
use

(을)라이ㅋ
like

메이트
mate

[EN 은, 인, 잉]

은　주로 [EN]이 어말에 붙어, 앞의 자음과 결합하여 소리 낸다.

가-든
garden

해픈
happen

(을)리슨
listen

이'븐
even

인, 잉　주로 [EN]이 어초에 위치할 때 발음된다.

인데'버
endeavor

인ㅓ'ㅍ
enough

인에이블
enable

잉글리쉬
English

dog 개, disk 원반, 기억장치, dead 죽은, dynamic 역동적인, child 어린이, road 길, head 머리, handsome 잘생긴, wednesday 수요일, handkerchief 손수건, event 사건, she 그녀, he 그, we 우리, be ~이 되다, egg 달걀, essay 수필, end 끝, every 모든, knife 칼, drive 운전하다, use 사용하다, like 좋아하다, mate 동료, garden 정원, happen 발생하다, listen 듣다, even 평평한, 공평한, endeavor 노력하다, enough 충분한, enable ~할 수 있게 하다

15

[EA 에] [EI 에이, 아이] [EA, EE, EO, EY, EI 이]

에 : EA

헤'비 heavy 	데드 dead 	헤드 head 	베어 bear 	테어 tear

에이, 아이 : EI   [either]의 [EI]는 [아이]와 [이] 발음이 혼용된다.

에잍 eight 	아이드허- either

이 : EA, EE, EO, EY, EI

잍 eat 	쿠인 queen 	피플 people 	머니 money 	이드허- either

[EAU, EU, EW 유]   [EW]는 주로 어말에 사용한다.

뷰티 beauty 	유럽 Europe 	뉴트럴 neutral 	'퓨 few 	'뷰 view 

[ER 어]

언더 under 	원더 wonder 	쉬ㄴ울더 shoulder

[F 'ㅍ, 'ㅂ]

'ㅍ　　F는 [ㅍ]를 약하게 ['ㅍ]로 발음한다.

'패ㅅㅌ	'파인ㄷ	'파이ㅓ-	'페이스	'풀-
fast	find	fire	face	full

해'ㅍ	이'ㅍ	카'피	(을)레'ㅍㅌ	나이'ㅍ
half	if	coffee	left	knife

'ㅂ　　[of]를 발음할 때에만 예외적으로 [F]를 [V ('ㅂ)]로 발음한다.

어'브
of

[FR 'ㅍ루, 'ㅍ로]

'ㅍ뢍ㅅ	'ㅍ뤔	'ㅍ뤠임	애'ㅍ뤼카
france	from	frame	africa

[FL '플ㄹ]

'플래ㄱ	'플라이	'플로ㅜㅌ	'플로ㅜ	'플로리더
flag	fly	float	flow	florida
		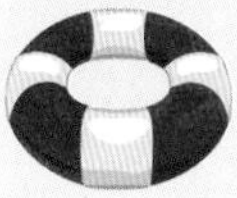		

heavy 무거운, dead 죽은, head 머리, bear 곰, tear 찢다, 눈물(-s), eight 8, either 어느쪽의, eat 먹다, queen 여왕, people 사람들, money 돈, beauty 아름다움, neutral 중립적인, few 적은, view 시야, under 아래에, wonder 놀라움, shoulder 어깨, fast 빠른, find 찾다, fire 불, face 얼굴, full 가득찬, half 절반, if 만약 ~라면, coffee 커피, left 왼쪽, knife 칼, of ~의, from ~로부터, frame 틀, flag 깃발, fly 날다, float 뜨다, flow 흐르다, florida 미국 플로리다주

[G ㄱ, ㅈ, 묵음]

ㄱ   [G] 다음에 [A, I, O, U]가 올 때 대체로 [ㄱ]로 발음한다.

게임 game	게이트 gate	그어-얼 girl	기'ㅂ give	고ㅜ go

ㅈ   [G] 다음에 [E, I, Y]가 따라올 때 대체로 [ㅈ(dʒ)]로 발음한다. [I]의 경우에는 예외가 많다.

(을)라쥐 large	자이언트 giant	ㅂ뤼쥐 bridge	데인져- danger	지임 gym

묵음   [N]앞에 오는 [G]는 발음하지 않는다.

싸인 sign	디자인 design	캠페인 campaign	노움 gnome	얼라인 align

[GH 'ㄱ, 'ㅍ, 묵음]

'ㄱ   [`ㄱ]은 [ㄱ]보다 약하게 발음한다.

'고ㅜ스ㅌ ghost

'ㅍ   [GH]가 어말에 오는 경우 [F('ㅍ)] 발음을 낸다.

이너'ㅍ enough	(을)래'ㅍ laugh	터'ㅍ tough	커'ㅍ cough	뤄'ㅍ rough

묵음

1. 어중에서 [T]앞의 [GH]는 발음하지 않는다.

에이트
eig**ht**

'파이트
fig**ht**

(을)라이트
lig**ht**

나이트
nig**ht**

웨이트
weig**ht**

2. 어초나 어중에 [TH]나 [아이, 에이] 발음의 모음이 있으면 [GH]를 발음하지 않는다.

스루
throug**h**

셔로우
thoroug**h**

드호우
thoug**h**

웨이
weig**h**

하이
hig**h**

---

game 놀이, gate 대문, girl 소녀, give 주다, go 가다, large 큰, giant 거인, bridge 다리, danger 위험, gym 체육관, sign 신호, design 도안, 설계, campaign 운동, 선거 활동, gnome 땅의 요정, align 정렬시키다, ghost 유령, enough 충분한, laugh 웃다, tough 강인한, cough 기침, rough 거친, eight 8, fight 싸움, light 빛, night 밤, weight 무게, through ~을 통해, thorough 철저한, though 그럼에도 불구하고, weigh 무게를 재다, high 높은

[H ㅎ, 묵음]

ㅎ

헤어-
hair

하이
hi

핸드
hand

해피
happy

묵음

1. 어두의 [H]는 발음하지 않는 경우가 있다.

아너
honor

아ㅜ어
hour

어니ㅅㅌ
honest

2. [W]뒤의 [H]는 발음하지 않는다. (반대로 [W]가 묵음인 경우도 있다.

왙
what

웨ㅓ-
where

웬
when

와이
why

3. [H]가 [R]의 뒤 에 위치한 경우에 발음하지 않는다. ([리ㄷ흠]의 [ㅎ]은 [TH]의 [ㄷㅎ]이다.)

라임
rhyme

리ㄷ흠
rhythm

[I 아이, 이]

아이

아이랜ㄷ
island

(을)라이ㅌ
light

(을)라이ㅋ
like

나이ㅅ
nice

롸이ㅌ
right

이

어두에 [I]가 오는 경우 종종 [이]로 발음한다.

잍
it

인투
into

인트뤠ㅅㅌ
interest

인
in

[IR 어-]

어-

어중이나 어말에 위치했을 때 [어-]로 발음한다.

페어-
pair

써-
sir

스컬-ㅌ
skirt

버-ㄷ
bird

그어-얼
girl

[-ION 젼, 션]

젼

[S] 뒤에 붙고 앞에 모음이 [이, 에이, 오우] 발음이 날 경우 [젼] 발음을 낸다.

텔리'비젼
television

디씨젼
decision

인'베이젼
invasion

션

[tion], [sion]으로 사용된다. *[stion]인 경우 대체로 [쳔]이다.

ㅅ테이션
station

어탠션
attention

커션
caution

---

hair 머리카락, hi 안녕, hand 손, happy 행복한, honor 명예, hour 시간, honest 정직한, waht 무엇, where 어디에, when 언제, why 왜, rhyme 운율, rhythm 리듬, island 섬, light 빛, like 좋아하다, nice 좋은, right 오른쪽, it 이것, into ~안으로, interest 관심, in ~안에, pair 한 쌍, sir ~님, skirt 치마, bird 새, girl 소녀, decision 결단, invasion 침략, station 정거장, attention 주의, caution 조심, 경고

[-IAN 연, ㅣ언, 언]

연　　　[T, C] + [IAN]인 경우에 [IAN]을 [연]으로 발음한다. [STIAN]인 경우 [쳔]이다

크리스쳔
Christian

마-션
Martian

이짚션
Egyptian

뮤-ㅈㅣ션
musician

태ㅋ니션
technician

ㅣ언, 언　　나머지 대부분의 경우 [IAN]을 [ㅣ언, 언]으로 발음한다.

인디언
Indian

이탤리언
Italian

너ㅓ위젼
Norwegian

[J ㅈ]

재킽 jacket	제일 jail	점ㅍ jump	재-ㅈㅇ jazz

[K ㅋ, 묵음]

ㅋ

키 key	킥 kick	킹 king

묵음　　[N]앞의 [K]는 발음하지 않는다.

나이'ㅍ Knife	니 knee	낙 knock	노ㄱ know

Christian 기독교 신자, Martian 화성인, Egyptian 이집트인, musician 음악가, technician 기술자, Indian 인도인, Italian 이탈리아인, Norwegian 노르웨이인, jacket 외투, jail 구치소, jump 뛰어오르다, jazz 재즈음악, key 열쇠, kick 차다, king 왕, knife 칼, knee 무릎, knock 노크하다, know 알다

[L (을)ㄹ, ㄹ-ㄹ, 묵음]

(을)ㄹ　　[ㄹ]로 발음하지 않고, [ㄹ] 앞에 가상의 [을]을 포함한 [(을)ㄹ]로 발음한다.

(을)레이디
lady

(을)랜드
land

(을)ㄹ(ㅗ)엉
long

(을)룩
look

(을)럭
luck

ㄹ-ㄹ

1. 모음과 모음 사이의 [L]은 종성 [ㄹ]과 초성 [ㄹ]을 겸한다.

일랙트릭
electric

앨로
aloe

컬러-
color

2. 어중의 [L] 두 번은 대체로 [ㄹ-ㄹ]로 종성과 초성으로 연속하여 발음한다.

거릴러
gorilla

얼라ㅜ
allow

묵음

1. 어말 [D, F, K, M] 앞의 [L]은 발음하지 않는다.

워크
walk

트(ㅗ)억
talk

해'ㅍ
half

팜
palm

2. 어말의 [LL]은 [(을)ㄹ]로 한 번만 발음한다.

벨
bell

'풀
full

힐
hill

텔
tell

윌
will

[M ㅁ]

□ 초성과 종성에 모두 사용할 수 있다.

매드	메익	마덜	뮤지익	팀
mad	**m**ake	**m**odel	**m**usic	tea**m**

[N ㄴ, 묵음]

ㄴ 초성과 종성에 모두 사용할 수 있다.

네임	넥	뉴	넘버-
name	**n**eck	**n**ew	**n**umber

1 2 3 4
5 6 7 8
9 0

묵음 [M]뒤에 따라오는 [N]은 발음하지 않는다.

(ㅗ)아텀	칼럼
autum**n**	colum**n**

[NG ㅇ, ㅇ-ㄱ] 받침 [ㅇ] 소리를 낸다. [NG]+[R,L,O,Y]로 결합하면 [ㅇ-ㄱ]이 된다.

킹	모(ㅗ)어닝	(을)ㄹ(ㅗ)엉	앵글	빙고ㅜ
ki**ng**	morni**ng**	lo**ng**	a**ng**le	bi**ng**o

[NK ㅇ-ㅋ] 받침 [ㅇ]과 초성의 [ㅋ] 발음으로 연결된다.

잉크	ㅅ탱크	드링크	앵클	뱅크
i**nk**	tha**nk**	dri**nk**	a**nk**le	ba**nk**

lady 숙녀, land 육지, long 긴, look 보다, luck 행운, electric 전기의, aloe 알로애, color 색깔, gorilla 고릴라, allow 허락하다, walk 걷다, talk 말하다, half 절반, palm 손바닥, bell 종, full 가득찬, hill 언덕, tell 말하다, will ~할 것이다, mad 미친, make 만들다, model 모델, music 음악, team 조, name 이름, neck 목, new 새로운, number 숫자, autumn 가을, column 기둥, king 왕, morning 아침, angle 각도, ink 먹, thank 감사하다, drink 음료수, ankle 발목, bank 은행

25

[O 아, (ㅗ)ㅏ, 오, 오ㅜ, 우, (ㅗ)ㅓ, 어, 묵음]

아, (ㅗ)ㅏ [(ㅗ)ㅏ]는 입모양을 [ㅗ]로 만들고 [아] 발음을 할 때 나는 소리이다.

아ㄷ허 other	어바울 about	박ㅅ box	안 on	(ㅗ)ㅏ'ㅍ off

오, 오ㅜ

오커 occur	오ㅜ'버- over	오ㅜ픈 open	클로ㅜㅈㅇ close

(ㅗ)ㅓ, 어 [(ㅗ)ㅓ]는 입모양을 [ㅗ]로 만들고 [어] 발음을 할 때 나는 소리이다.

ㄷ(ㅗ)억 dog	(ㅗ)ㅓ-륀지 orange	(을)ㄹ(ㅗ)엉 long	컬러- color	어'ㅂ of

우

무'ㅂ move	무'비 movie	쉬ㅜㅈㅇ shoes	(을)루ㅈㅇ lose	후 who

묵음 어말이 [자음]+[O]+[R,L]인 경우 종종 [O]를 발음하지 않는다.

버튼 button	차클럿 chocolate	(을)레쓴 lesson	씨즌 season

[OO 우]
[oo]이중 모음인 경우 [우-]로 발음한다.

순 soon	즈우 zoo	루ㅜ'ㅍ roof	문 moon	투 too

[OU, OW 아우] [OA, OU, OW 오우] [OU 어, 우]

아우 : OU, OW   뒤쪽으로 묵음이나 이중자음이 없는 경우에 발음된다.

아웉
out

사운드
sound

어바웉
about

아울
owl

오우 : OA, OU, OW   [OU], [OW]는 [L, GH, E]와 결합될 경우 종종 [오우]로 발음된다.

로ㅜㄷ
road

코ㅜㅌ
coat

쉬ㅗ울더
shoulder

오ㅜ
owe

어, 우 : OU   뒤쪽으로 묵음이나 이중자음이 함께 결합될 경우에 [어], [우]로 발음된다.

터치
touch

이너'ㅍ
enough

[OR (ㅗ)ㅓ, 오르, (ㅗ)ㅏ, 어]

(ㅗ)ㅓ, 오르

(ㅗ)ㅓ
or

ㅁ(ㅗ)ㅓ닝
morning

쉬(ㅗ)ㅓㅌ
short

오르건
organ

(ㅗ)ㅏ, 어

(ㅗ)ㅏ ㅅ터
author

쓰(ㅗ)ㅏ뤼
sorry

인티리어
interior

other 다른, box 상자, on ~의 위에, 켜진, off 떨어져, 꺼진, occur 생기다, over ~위에, open 열린, close 닫다, of ~의, move 움직이다, movie 영화, shoes 구두, lose 잃다, who 누구, button 단추, lesson 수업, season 계절, soon 잠시후, zoo 동물원, roof 지붕, moon 달, too 역시, out ~밖에, sound 소리, owl 올빼미, road 길, coat 외투, owe 빚지다, touch 만지다, enough 충분한, or 또는, morning 아침, short 짧은, organ 장기, 기관, author 작가, sorry 미안한, interior 내부의

[P ㅍ, 묵음]

ㅍ

페이 pay	ㅍ(ㅗ)ㅓ인ㅌ point	쉬앞 shop	ㅅ맆 sleep	테잎 tape

묵음

1. [P]가 어초에 오고 뒤로 [S, N, T]가 따라올 경우 [P]를 발음하지 않는다.

싸이코ㅜ psycho	수도ㅜ pseudo	테러(ㅗ)서ㅓ pterosaurs	리씨ㅌ receipt

2. 발음의 편의상 생략하게 된 경우이다.

커버ㅓㄷ cupboard

[PH 'ㅍ] [F]의 ['ㅍ]와 같은 발음이다.

'팬텀 phantom	텔리'포운 telephone	덜'핀 dolphin	그래'ㅍ graph

[Q ㅋ]

이래ㅋ
Ira**q**

[QU 쿠]

쿠   [QU]의 발음은 [KW]에 가까운 [쿠]로 발음한다.

쿠인	퀘스쳔	쿠익	스퀘ㅓ-	쿠이ㅈㅇ
queen	**qu**estion	**qu**ick	**squ**are	**qu**iz

[R 로, 루]

로, 루   어두에 위치할 경우 [L]과 다르게 강세를 주어 뒤 따르는 모음과 함께 발음한다.

뤠드	롸이스	롸이트	롹	뤠스터뢴트
red	**r**ice	**r**ight	**r**ock	**r**estaurant

pay 급료, point 점수, shop 가게, sleep 수면, tape 테이프, psycho 정신병자, pseudo 가짜의, pterosaurs 익룡, receipt 영수증, cupboard 찬장, phantom 유령, telephone 전화, dolphin 돌고래, graph 도표, Iraq 이라크, queen 여왕, question 질문, quick 빠른, square 정사각형, quiz 퀴즈, 묻기, red 빨간색, rice 벼, 쌀, right 오른쪽, rock 바위, restaurat 식당

[S ㅅ, ㅆ, ㅈㅇ, 묵음]

ㅅ

ㅅ카이
sky

ㅅ로ㅜ
slow

ㅅ피ㄷ
speed

ㅆ   어초에서 [s] 직후에 모음과 결합될 경우 대체로 강한 [ㅆ]발음이 나온다.

씰'버-
silver

ㅆ(ㄴ)앙
song

썬
son

썬
sun

ㅆ(ㄴ)ㅏ뤼
sorry

ㅈㅇ   어말 [S] 앞에 [A, E, Y], [D, M, N, L, R]이 위치한 경우 대체로 [Z(ㅈㅇ)]로 발음된다.

애ㅈㅇ
as

(ㅗ)얼웨이ㅈㅇ
always

묵음   중세 프랑스어에서 영어로 유래한 단어에서 [i]뒤의 [s]는 발음하지 않는다.

아일
aisle

아일렌ㄷ
island

아일
isle

[SH 쉬]

쉬   아주 약하게 [쉬]하고 발음한다.

쉬ㅗㅜ
show

쉬ㅏ울
shout

쉬(ㅗ)ㅓㅌ
short

쉬ㅣ
she

[SW ㅅ우]

ㅅ우

ㅅ윋
sweet

ㅅ위치
switch

ㅅ위ㅅ
swiss

예외 [SWORD]의 경우 [W]가 묵음이므로 [소ㅓ디]라 발음한다.

소ㅓ디
sword

sky 하늘, slow 느린, speed 속도, silver 은, song 노래, son 아들, sun 태양, sorry 미안한, as ~처럼, ~만큼, always 항상, aisle 복도, island 섬, isle 섬, show 공연, 쇼, shout 외치다, short 짧은, she 그녀, sweet 달콤한, switch 바꾸다, sword 검

[T ㅌ, 묵음]

ㅌ   초성과 종성에 사용할 수 있다.

테이크 take	트(ㅗ)억 talk	택씨 taxi	어바울 about	어파-ㅌ먼ㅌ apartment

묵음

1. [T]가 [F, S]의 뒤에 위치하거나, [CH]앞에 위치할 경우 [T] 발음을 하지 않는다.

(ㅗ)ㅓ'픈 often	스위치 switch	크리스머스 Christmas	(을)리슨 listen	와치 watch

2. 프랑스어에서 유래한 단어 중 어말이 [T]로 끝나는 경우 [T]를 발음하지 않는다.

발래이 ballet	대뷰 debut	디포ㅜ depot

[TH ㅅㅌ, ㄷㅎ]

ㅅㅌ   [ㅅ]과 [ㅌ]의 중간인 [ㅅㅌ]로 발음한다.

스탱크 thank	스팅 thing	스트뤄ㅜ throw

ㄷㅎ   [ㄷ]과 [ㅎ]의 중간인 [ㄷㅎ]로 발음한다.

ㄷㅎ이ㅅ this	ㄷㅎ이:, ㄷㅎ어 the	ㄷㅎ햍 that	ㄷㅎ헨 then	ㄷㅎ헤ㅣ they

[U 어, 우, 유, 아, 이]

어

엄브뤨러
umbrella

엉클
uncle

엎
up

버스
bus

우

어바웉
about

어롸운ㄷ
around

블루
blue

유

유쥬얼
usual

유ㅈㅇ
use

튜(을)맆
tulip

아

바이
buy

가이
guy

이

비ㅈ이
busy

[UR 얼-]

컬-튼
curtain

치얼-치
church

햄벌-거-
hamburger

널-ㅅ
nurse

take 잡다, 얻다 talk 말하다, taxi 택시, apartment 아파트, often 자주, switch 바꾸다, listen 듣다, watch 보다, ballet 발레, debut 데뷔, depot 창고, 유통점, thank 감사하다, thing 물건, 생물, throw 던지다, this 이것, the 그, that 그것, then 그때에, they 그들, umbrella 우산, uncle 삼촌, 아저씨, up ~위에, bus 버스, around 주위에, blue 파란색, usual 일반적인, use 사용하다, buy 구매하다, guy 남자, busy 바쁜, curtain 커튼, church 교회, nurse 간호사

[V 'ㅂ]

'ㅂ   [ㅂ]을 약하게 ['ㅂ]로 발음한다.

'베뤼
very

'비디오ㅜ
video

'빌리지
village

[W 우, 묵음]

우

윌
will

윈드
wind

월
wall

웨ㅅ트
west

우ㅏ일드
wild

묵음

1. [w] 뒤에 [r]이 있을 경우 [w]를 발음하지 않는다.

르(ㅗ)엉
wrong

롸이트
write

2. [H]가 있는 경우, [W]를 발음하지 않는다. *[H]를 발음하지 않는 경우도 있다.

호울
whole

후
who

3. [S] 뒤에 [W]가 위치할 때. [W]를 발음하지 않는다.

앤써
answer

소ㅓ드
sword

[X ㄱ-ㅈㅇ, ㅋ-ㅅ(ㅆ), ㅈㅇ]

ㄱ-ㅈㅇ

이그ㅈ앰플
example

ㅋ-ㅅ, ㅋ-ㅆ   종성과 초성을 [ㅋ-ㅅ]이나 [ㅋ-ㅆ]로 연속한다.

박ㅅ
box

엑설런ㅌ
excellent

넥ㅅㅌ
next

택씨
taxi

익사이ㅌ
excite

ㅈㅇ   [Z]와 같은 발음으로, [ㅈ]과 [ㅇ]의 중간으로 발음한다.

ㅈㅇ이 러'포운
xylophone

[XH ㅋ-ㅈㅇ, ㅋ-ㅆ]

ㅋ - ㅈㅇ

익ㅈㅇ이 빝
exhibit

익ㅈㅇ(ㅗ)ㅓㅅㅌ
exhaust

ㅋ - ㅆ

액쓰헤일
exhale

very 매우, video 영상, village 마을, will ~할 것이다, wind 바람, wall 벽, west 서쪽, wild 야생의, wrong 잘못된, write 글 쓰다, whole 전체의, who 누구, answer 대답, sword 검, example 예, box 상자, exellent 훌륭한, next 다음의, excite 흥분시키다, xylophone 실로폰, exhibit 전시하다, exhaust 다 쓰다, exhale 내쉬다

[Y 이, 아이], [YI 이]

이

해피
hap**py**

헝ㄱ뤼
hung**ry**

이일드
yield

아이

'플라이
fl**y**

[YE 예]

예ㅅ
yes

예ㅅ터데이
yesterday

[YA 야]

야ㅓ드
yard

[YO 요]

요가
yoga

[Z ㅈㅇ]

ㅈㅇ [지]과 [이]의 중간으로 발음한다.

즈오운	사이ㅈㅇ	쿠이ㅈㅇ	재-ㅈㅇ
zone	size	quiz	jazz

1장 **파닉스**가 끝났습니다.
이어서...
2장 **교육부 지정 초등 영단어 800**
이 이어집니다.

happy 행복한, hungry 배고픈, yield 양보, fly 날다, yes 네, yesterday 어제, yard 마당, zone 지역, size 크기, quiz 퀴즈, 질문, jazz 재즈음악

2장 영단어

교육부 지정 초등 영단어 800 소개

<교육과학기술부>에서 초등 교과반영으로 지정한 영단어 800개로, 영어 학습에서 가장 필수적인 기본 어휘입니다.

본 단어집은 교육부 지정 초등 영단어 800단어가 모두 포함되어 있습니다. 또한 파닉스 학습과 연계하여 IPA 발음기호와 한글 발음기호도 포함되어 있습니다.

초등학생이나 영어 초보 학습자라면 반드시 이 단어집에 있는 단어를 빠짐없이 암기하시길 권장합니다.

단어집 특징

※ 영어 단어를 분야별로 분류하여 구성하여, 비슷한 성질의 단어를 편리하게 통으로 암기하실 수 있습니다.

※ 영어 발음기호 외에도 한글 발음기호를 포함했습니다.

※ 영어 단어와 관련된 사진이 포함되어 더욱 이해를 높였습니다.

※ 영어 단어의 예문이 포함되어 있습니다.

※ cafe.naver.com/dismoi(네이버 타보름 카페)에서 단어 테스트지 무한 생성기, 듣기 mp3 파일을 무료로 다운 받으실 수 있습니다.

영단어 암기 요령

1. 단어를 한 번만 외우고 끝내지 말고, 하루 뒤에 이미 외웠던 단어를 다시 외우세요. 그리고 또 사흘째 되는 날에 다시 한 번 외우고, 일주일째에 다시 외워주세요. 한 번만 외우면 짧은 기억에만 머물다 금방 사라집니다. 여러번 외워야 장기적인 암기가 됩니다.
※우측의 암기 스케쥴러에 학습 내용을 적으면서 외우면 좋습니다.

2. 단어 테스트지 생성기를 활용하여 시험지를 출력하여 테스트하세요. 책으로만 외우는 것보다 훨씬 효과적입니다.
※단어 테스트지 생성기는 **cafe.naver.com/dismoi**(타보름 네이버 카페)에서 다운 받으실 수 있습니다.

3. 단어를 무작정 쓰면서 외우지 말고, 눈으로 단어의 모양을 익히고 발음과 뜻을 기억하세요. 쓰면서 외워는 버릇이 생기면 앞으로 더 많은 단어를 계속 쓰면서 외우면 엄청난 시간을 낭비하게 됩니다.

4. 암기는 잠자기전과 일어난 이후가 가장 좋습니다. 또, 짬 나는 시간마다 틈틈이 외우는 것도 좋습니다. 무조건 시간만 많이 투자하기 보다는 시간을 정하고, 주어진 시간 내에서 최대한 빨리 암기하려고 노력하세요.

5. 영단어 책을 들고다니세요. 그래야 계속 들여다보게 됩니다. 책을 멀리하면 결국 보지 않게 됩니다.

학습 날짜	학습 범위	학습 시간	학습 날짜	학습 범위	학습 시간
ⓐ월 ⓑ일	39~42p	50분			

학습 날짜	학습 범위	학습 시간	학습 날짜	학습 범위	학습 시간

I ˈaɪ ˈ아이	명 나는, 내가		I am a boy. 나는 소년이다.
you ju 유	명 너는, 너희들은, 네가, 너희들이		You are a girl. 너는 소녀이다.
he hi 히	명 그는, 그가		He is a man. 그는 남자이다.
she ʃi 쉬	명 그녀가, 그녀는		She is a woman. 그녀는 여자이다.
they ˈðeɪ ˈㄷ헤ㅣ	명 그들은, 그들이, 그것들은, 그것들이		They are brothers. 그들은 형제이다.
we wi 위	명 우리는, 우리가		We are a family. 우리는 가족이다.
baby ˈbeɪbi ˈ베이비	명 아기		The baby is cute. 그 아기는 귀엽다.
boy ˈbɔɪ ˈㅂ(ㅗ)ㅓㅣ	명 소년, 남자 아이		The boy is tall. 그 소년은 키가 크다.

brother 'brʌðɹ '브뤄ㄷ허	명 형제, 형, 동생		Is he your brother? 그는 너의 남자형제니?
child 'tʃaɪld '챠일ㄷ	명 아이, 자식		The child is a girl. [a boy] 그 아이는 소녀[소년]이다.
cousin 'kʌzən '커전	명 사촌		My cousin is a student. 나의 사촌은 학생이다.
daddy 'dædi '대디	명 아빠		He is my daddy. 그는 나의 아빠이다.
daughter 'dɒtər '드(ㅗ)ㅏ터-	명 딸		My daughter is pretty. 나의 딸은 예쁘다.
family 'fæməli ''패믈리	명 가족		There are 5 people in my family. 우리 가족은 5명이다.
father 'faðr ''파ㄷ허	명 아버지	Thanks papa	Is he your father? 그가 당신의 아버지인가요?
friend 'frend 'ㅍ뤠ㄴㄷ	명 친구		You are my friend. 당신은 나의 친구이다.

girl
g3ːl
'그어-얼
몡 소녀

The girl is my sister.
그 소녀는 나의 여자형제이다.

grandmother
ˈɡræn ˌmʌðr̩
'그뤤 ˌ마ㄷ허
몡 할머니

My grandmother is my father's mother.
나의 할머니는 나의 아버지의 어머니이다.

lady
ˈleɪdi
'(을)레이디
몡 숙녀, 부인

The lady is her daughter.
그 숙녀는 그녀의 딸이다.

man
ˈmæn
'맨
몡 남자, 사람

The man is my father.
그 남자는 나의 아버지이다.

mommy
ˈmɑmi
'마미
몡 엄마

My mommy loves us.
나의 엄마는 우리를 사랑한다.

mother
ˈmʌðr̩
'마ㄷ허
몡 어머니

I love my mother.
나는 나의 어머니를 사랑한다.

parent
ˈperənt
'페뤈ㅌ
몡 부모

My parents take care of me.
나의 부모님은 나를 돌본다.

people
ˈpipəl
'피플
몡 사람들

People help each other.
사람들은 서로 돕는다.

sister
'sɪstər
'시ㅅ터
명 자매, 누나, 언니

My sister is a cook.
나의 여자형제는 요리사이다.

son
'sən
'썬
명 아들

He is my friend's son.
그는 나의 친구의 아들이다.

uncle
'ʌŋkəl
'엉클
명 삼촌, 아저씨

An uncle is a parent's brother.
삼촌은 부모님의 남자형제이다.

who
'hu
'후
접 누구, 누가

Who are you?
당신은 누구시죠?

woman
'wʊmən
'우먼
명 여자

The woman is my sister.
그 여자는 나의 여자형제이다.

aunt
'ænt
'앤ㅌ
명 이모, 고모

An aunt is a parent's sister.
이모(고모)는 부모님의 여자형제이다.

classmate
'klæˌsmet
'클래ㅅ메잍
명 학급 친구, 반 친구

I study with my classmate.
나는 나의 반 친구와 공부한다.

ma'am
'mæm
'맴
명 아주머니, 부인

Good morning, ma'am, how are you today?
좋은 아침입니다. 아주머니, 오늘 어떠세요?

Miss
'mɪs
'미ㅅ

명 아가씨, ~양
동 그리워하다, 놓치다

Is Miss Kim your sister?
미스 김이 당신의 여동생입니까?

Mr.
'mɪstər.
'미ㅅ터-

명 씨, 님

Is Mr. Lee your brother?
Lee님이 당신의 남자형제인가요?

Mrs.
'mɪsəz.
'미세ㅈ.

명 ~부인

Mrs. Park is her aunt.
박씨 부인은 그녀의 고모(이모)이다.

sir
'sɜ-
'써-

명 님, 선생님(호칭)

Sir, he is my grandfather.
선생님, 그는 나의 할아버지입니다.

young
'jəŋ
'영

형 젊은, 어린

Your brother is young.
너의 남자형제는 젊다.

kid
'kɪd
'키ㄷ

명 아이

The kids are her children.
그 아이들은 그녀의 아이들이다.

birthday
'bɜθ,de
'벌-ㅅ터,데ㅣ

명 생일

Today is my sister's birthday.
오늘은 나의 여자형제의 생일이다.

die
'daɪ
'다이

동 죽다

People die someday.
사람들은 언젠가 죽는다.

god
'gad
'갇
명 신

God doesn't die.
신은 죽지 않는다.

kill
'kɪl
'킬
동 죽이다

God doesn't kill people.
신은 사람을 죽이지 않는다.

live
'laɪv
'(을)라이'ㅂ
동 살다

People don't live forever.
사람들은 영원히 살지 않는다.

marry
'meri
'메뤼
동 결혼하다

My father married my mother.
나의 아버지는 나의 어머니와
결혼하셨다.

name
'neɪm
'네임
명 이름
동 ~라고 이름 붙이다

My name is Sophie.
나의 이름은 소피야.

arm
'arm
'암
명 팔

My arm is strong.
나의 팔은 튼튼하다.

body
'badi
'바디
명 몸, 몸통

Exercise is good for your body.
운동은 당신의 몸에 좋다.

captain
'kæptən
'캡튼
명 선장, 대위, 캡틴

She married the captain.
그녀는 대위와 결혼했다.

dead
'ded
'데ㄷ

형 죽은

A dead man can't speak.
죽은 사람은 말할 수 없다.

---

doctor
'dɑktər
'닥터

명 의사, 박사

A doctor can't save a dead person.
의사는 죽은 사람을 살릴 수 없다.

---

ear
'ɪr
'이어

명 귀

I can hear well with my ears.
나는 나의 귀로 잘 들을 수 있다.

---

eye
'aɪ
'아이

명 눈

Her eyes are brown.
그 여자의 눈은 갈색이다.

---

face
'feɪs
''페이ㅅ

명 얼굴

I wash my face in the morning.
나는 아침에 세수한다.

---

finger
'fɪŋgər
''핑거

명 손가락

I have ten fingers.
나는 10개의 손가락을 가지고 있다.

---

fool
'ful
''풀

명 바보

He is not a fool.
그는 바보가 아니다.

---

foot
'fut
''풑

명 발

He can stand on one foot.
그는 한 발로 설 수 있다.

hair
'her
'헤어

몡 머리카락, 털

My hair is brown.
나의 머리는 갈색이다.

---

hand
'hænd
'핸ㄷ

몡 손
동 넘겨주다

I have five fingers on each hand.
나는 한 손에 다섯 개의 손가락을 가지고 있다.

---

head
'hed
'헤ㄷ

몡 머리

Use your head.
머리를 쓰시오.

---

job
d3ab
'좝

몡 직업

My job is to teach students.
나의 직업은 학생들을 가르치는 것이다.

---

king
'kɪŋ
'킹

몡 왕

The king is handsome.
그 왕은 잘생겼다.

---

knee
'ni
'니

몡 무릎

My knee hurts.
나의 무릎이 아프다.

---

leg
'leg
'(을)레ㄱ

몡 다리

Her legs are long.
그녀의 다리는 길다.

---

lip
'lɪp
'(을)맆

몡 입술

Her lips are red.
그녀의 입술은 빨갛다.

mouth
'maʊθ
'마우ㅅㅌ

명 입

His mouth is full of food.
그의 입은 음식으로 가득하다.

neck
'nek
'넥

명 목

She has a long neck.
그녀는 긴 목을 가지고 있다.

nurse
'nɜ˞s
'너-ㅅ

명 간호사

A nurse helps a doctor.
간호사는 의사를 돕는다.

pilot
'paɪlət
'파일럳

명 조종사

My dream is to be a pilot.
나의 꿈은 조종사가 되는것이다.

police
pə'lis
퍼'(을)리ㅅ

명 경찰

She called the police.
그녀는 경찰을 불렀다.

queen
'kwin
'쿠인

명 여왕

The king and queen have two sons.
왕과 왕비는 두 명의 아들을 가졌다.

shoulder
'ʃoʊldə
'쉬ㅗ울더

명 어깨

My shoulder hurts.
나의 어깨가 아프다.

student
'studənt
'스튜던ㅌ

명 학생

Students go to school every day.
학생들은 매일 학교에 간다.

team
'tim
'팀

명 팀

Our team won the game.
우리 팀이 경기를 이겼다.

tooth
'tuθ
'투ㅅㅌ

명 이, 이빨

She pulled out my tooth.
그녀는 나의 이를 뽑았다.

animal
'ænəməl
'애니믈

명 동물

A duck is my favorite animal.
오리는 내가 가장 좋아하는 동물이다.

bear
'ber
'베어

명 곰
동 견디다

Bears are usually big.
곰은 보통 크다.

bird
'bɝd
'버-ㄷ

명 새

Birds have wings.
새는 날개를 가지고 있다.

cat
kæt
캩

명 고양이

The cat is cute.
그 고양이는 귀엽다.

chicken
'tʃɪkən
'칙인

명 닭, 닭고기

The chicken runs around the farm.
그 닭은 농장을 뛰어다닌다.

cow
'kaʊ
'카우

명 암소, 젖소

Cows give us milk.
암소는 우리에게 우유를 준다.

dog 'dɔg 'ㄷ(ㅗ)억	몡 개		I have a dog and a cat. 나는 개 한마리와 고양이 한마리가 있다.
dolphin 'dɑlfɪn '덜'핀	몡 돌고래		A dolphin is smart. 돌고래는 영리하다.
duck 'dək '덕	몡 오리		This is a duck. 이것은 오리이다.
egg 'eg '에그	몡 계란		These are duck eggs. 이것들은 오리의 알이다.
fish 'fɪʃ ''피쉬	몡 물고기, 생선 동 낚시하다		Fish swim. 물고기는 수영한다.
fly 'flaɪ ''플라이	동 날다 몡 파리		Birds fly. 새는 난다.
hen 'hen '헨	몡 암탉		The hen lays golden eggs. 그 암탉은 황금알을 낳는다.
horse 'hɔrs 'ㅎ(ㅗ)ㅓ-ㅅ	몡 말		A horse runs fast. 말은 빨리 달린다.

lion
'laɪən
'(을)라이언

몡 사자

The lion doesn't eat fish.
그 사자는 물고기를 먹지 않는다.

monkey
'mʌŋki
'멍키

몡 원숭이

A monkey likes bananas.
원숭이는 바나나를 좋아한다.

pig
'pɪg
'피ㄱ

몡 돼지

A pig eats anything.
돼지는 아무 것이나 먹는다.

sheep
'ʃip
'쉽

몡 양

The sheep run together.
그 양들은 같이 뛴다.

tiger
'taɪgər
'타이거

몡 호랑이

A rabbit is afraid of a tiger.
토끼는 호랑이를 무서워한다.

flower
'flaʊər
''플라워-

몡 꽃

The flower smells good.
그 꽃은 향기가 좋다.

leaf
'lif
'(을)리'ㅍ

몡 잎, 나뭇잎

A leaf fell.
나뭇잎이 떨어졌다.

pear
'per
'페ㅓ

몡 배

The pear is a kind of fruit.
배는 과일의 한 종류이다.

pine
'paɪn
'파인

® 소나무

There are many pine trees.
거기에 많은 소나무가 있다.

plant
'plænt
'플랜ㅌ

® 식물
® 심다

I planted a pine tree.
나는 소나무를 심었다.

rose
roʊz
로ㅗㅜ저

® 장미
® 장미색의

The monkey gave a rose to a pig.
원숭이는 장미를 돼지에게 주었다.

tree
'tri
'ㅌ뤼

® 나무

The tiger planted a tree.
그 호랑이는 나무를 심었다.

tulip
'tuləp
'튜(을)맆

® 튤립

My favorite flower is a tulip.
내가 가장 좋아하는 꽃은 튤립이다.

wood
'wʊd
'우ㄷ

® 나무, 목재

The table is made of wood.
그 식탁은 나무로 만들어졌다.

apple
'æpəl
'애플

® 사과

I eat an apple every morning.
나는 매일 아침 사과를 먹는다.

banana
bə'nænə
버'내나

® 바나나

Monkeys like bananas.
원숭이들은 바나나를 좋아한다.

bread 'bred '브레ㄷ	몡 빵		I ate some bread. 나는 빵을 조금 먹었다.
breakfast 'brekfəst 'ㅂ뤡'페ㅅㅌ	몡 아침 식사		I ate some bread for breakfast. 아침 식사로 빵을 조금 먹었다.
butter 'bʌtr '벝ㅓ-	몡 버터		She ate bread with butter. 그녀는 버터와 빵을 먹었다.
cake 'keɪk '케잌	몡 케이크		I got a birthday cake. 나는 생일 케이크를 받았다.
candy 'kændi '캔디	몡 사탕, 캔디		Many kids like candies. 많은 아이들은 사탕을 좋아한다.
cheese 'tʃiz '치ㅈㅇ	몡 치즈		He ate bread with cheese. 그는 치즈와 함께 빵을 먹었다.
coffee 'kɑfi '카'피	몡 커피		She drank a cup of coffee. 그녀는 커피 한잔을 마셨다.
cook 'kʊk '쿡	동 요리하다 몡 요리사		He cooked breakfast. 그는 아침을 요리했다.

cream
'krim
'크림

명 크림

She drank coffee with cream.
그녀는 크림과 함께 커피를 마셨다.

dinner
'dɪnər
'디너

명 저녁 식사

My mother cooks dinner every day.
나의 어머니는 매일 저녁 식사를 하신다.

dish
'dɪʃ
'디쉬

명 접시, 설거지감, 요리

My mother washes the dishes after dinner.
나의 어머니는 저녁 식사 후에 설거지를 하신다.

drink
'drɪŋk
'드링크

동 마시다

She drinks coffee every day.
그녀는 매일 커피를 마신다.

eat
'it
'잍

동 먹다

We like to eat Korean dishes.
우리는 한국 음식을 먹는 것을 좋아한다.

food
'fud
"푸드

명 음식

Her food is always delicious.
그녀의 음식은 항상 맛있다.

fruit
'frut
"프루트

명 과일, 열매

My favorite fruit is a pear.
내가 가장 좋아하는 과일은 배다.

grape
'greɪp
'그레잎

명 포도

Wine is made of grapes.
와인은 포도로 만들어진다.

hamburger
'hæmbɚgɚ
'햄벌-거-
명 햄버거

I want to eat a hamburger.
나는 햄버거가 먹고 싶다.

juice
'dʒus
'쥐ㅜㅅ
명 주스

I ate a hamburger and drank grape juice.
나는 햄버거를 먹고 포도 주스를 마셨다.

lunch
'lʌntʃ
'(을)런치
명 점심 식사

I ate a hamburger for lunch.
나는 점심으로 햄버거를 먹었다.

meat
'mit
'밑
명 고기

Some people don't eat meat.
어떤 사람들은 고기를 먹지 않는다.

melon
'melən
'멜런
명 멜론

We ate a melon for dessert.
우리는 후식으로 멜론을 먹었다.

milk
'mɪlk
'밀ㅋ
명 우유

The milk is fresh.
그 우유는 신선하다.

nose
nouz
노ㅜ즈ㅇ
명 코

Don't pick your nose.
코를 후비지 말아라.

orange
'ɔrəndʒ
'(ㅗ)ㅓ-뤈지
명 오렌지, 주황색
형 주황색의

I prefer orange juice to milk.
나는 우유보다 오렌지 주스를 더 좋아한다.

potato
pə'teɪˌtoʊ
퍼'테이ˌ토ㅜ

명 감자

I like potato chips.
나는 감자 칩을 좋아한다.

rice
'raɪs
'롸이ㅅ

명 쌀, 벼, 밥

He eats curry with rice.
그는 카레를 밥과 먹는다.

salad
'sæləd
'샐러ㄷ

명 샐러드

Do you want some salad?
너는 샐러드를 원하니?

salt
'sɒlt
'ㅆ(ㅗ)ㅏ ㄹㅌ

명 소금

This soup needs salt.
이 수프는 소금이 필요하다.

smell
'smel
'스멜

동 냄새 맡다
명 냄새

The orange smells sweet.
그 오렌지는 달콤한 냄새가 난다.

soup
'sup
'섶

명 스프

The soup smells great.
그 수프는 냄새가 훌륭하다.

strawberry
'strɒˌberi
'ㅅㅌ롸ˌ베뤼

명 딸기

I eat strawberries in spring.
나는 봄에 딸기를 먹는다.

sugar
'ʃʊɡər
'쉬ㅜ거-

명 설탕

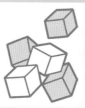

Do you put sugar in your coffee?
당신은 커피에 설탕을 넣습니까?

supper
ˈsʌpər
'섶ㅓ-

명 저녁 식사

I had supper with my family.
나는 나의 가족과 저녁 식사를 했다.

sweet
ˈswit
'ㅅ윝

형 달콤한

The strawberries are sweet.
그 딸기들은 달콤하다.

taste
ˈteɪst
'테이ㅅㅌ

동 맛이 난다
명 미각, 맛

The food tastes good.
그 음식은 좋은 맛이 난다. (음식 맛이 좋다.)

tea
ˈti
'티

명 차

The tea smells fantastic.
그 차는 환상적인 향이 난다.

tomato
təˈmeɪˌtoʊ
터'메이ˌ토ㅜ

명 토마토

Tomatoes are good for you.
토마토는 너에게 좋다.

vegetable
ˈvedʒtəbəl
''베쥐터블

명 야채, 채소

Is a tomato a fruit or a vegetable?
토마토는 과일인가요, 야채인가요?

air
ˈer
'에ㅓ

명 공기

The air in the room is dry.
방 안의 공기가 건조하다.

blow
ˈbloʊ
'블로ㅜ

동 불다, 강타하다

The wind will blow tomorrow.
바람이 내일 불 것이다.

burn
'bɜːn
'버ㅓ-ㄴ

동 불타다, 태우다

The house burned.
집이 불탔다.

---

cloud
'klaʊd
'클라ㅜㄷ

명 구름

Clouds make rain.
구름이 비를 만든다.

---

cold
koʊld
코울ㄷ

형 차가운, 추운
명 추위, 감기

It is cold in winter.
겨울에는 춥다.

---

cool
'kuːl
'쿨

형 시원한, 냉정한

The night air is cool.
밤 공기가 시원하다.

---

drop
'drɑp
'ㄷ뢒

동 떨어지다
명 방울

There was not a drop of water.
물이 한 방울도 없었다.

---

dry
'draɪ
'ㄷ롸이

형 말린, 목마른, 건조한
동 말리다, 마르다

The air is dry.
공기가 건조하다.

---

fire
'faɪər
''파이ㅓ-

명 불, 화재

The fire burned the house.
불이 그 집을 태웠다.

---

grass
'græs
'그래ㅅ

명 풀, 잔디

He burned the dry grass.
그는 마른 잔디를 태웠다.

hot
hat
핱

형 뜨거운, 더운

I drank a cup of hot tea.
나는 뜨거운 차 한잔을 마셨다.

ice
'aɪs
'아이ㅅ

명 얼음

I drank a glass of ice coffee.
나는 아이스 커피 한잔을 마셨다.

moon
'mun
'문

명 달

The moon is shining.
달이 빛나고 있다.

rain
'reɪn
'뤠인

명 비
동 비가 오다

It will start to rain.
비가 오기 시작할 것이다.

rainbow
'reɪnˌboʊ
'뤠인,보ㅜ

명 무지개

Rainbows after the rain are beautiful.
비 온 뒤 무지개는 아름답다.

rock
'rɑk
'롹

명 바위

The rock is very hard.
그 바위는 매우 단단하다.

sand
'sænd
'샌ㄷ

명 모래

Children are playing in the sand.
아이들이 모래에서 놀고 있다.

sea
'si
'씨

명 바다
형 바다의

Look at the dolphins in the sea.
바다에 있는 돌고래들을 봐라.

shower
ˈʃaʊər
'쉬ㅏ워-

명 소나기, 샤워

I was caught in a shower.
나는 소나기를 만났다.

snow
ˈsnoʊ
'ㅅ노ㅜ

명 눈
동 눈이 오다

The snow is white.
눈이 하얗다.

star
ˈstɑr
'ㅅ타

명 별

We see stars at night.
우리는 밤에 별을 본다.

stone
ˈstoʊn
'ㅅ토운

명 돌

The boy threw stones at the house.
그 소년은 집에 돌을 던졌다.

storm
ˈstɔrm
'ㅅ트(ㅗ)ㅓ-ㅁ

명 폭풍우

The storm blew hard.
폭풍이 거세게 불었다.

sun
ˈsən
'썬

명 태양, 해

The sun shines.
태양이 빛난다.

warm
ˈwɔrm
'ㅇ(ㅗ)ㅓ-ㅁ

형 따뜻한
동 따뜻하게 하다

I want a glass of warm milk.
나는 따뜻한 우유 한잔을 원한다.

water
ˈwɒtər
'ㅇ(ㅗ)ㅏ터-

명 물
동 물주다

The water is clean.
물이 깨끗하다.

weather
'weðər
'웨ㄷ허-

명 날씨

The weather is cold.
날씨가 춥다.

---

wet
'wet
'웻

형 젖은, 비가 오는

Rain makes me wet.
비는 나를 젖게 만든다.

---

wind
wɪnd
윈ㄷ

명 바람

The wind blows hard.
바람이 세게 분다.

---

airport
'er,port
'에어,ㅍ(ㅗ)ㅓ-ㅌ

명 공항

I went to the airport.
나는 공항에 갔다.

---

among
ə'mʌŋ
어'멍

전 ~의 사이에, ~의 중간에

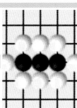

I chose a duck among animals.
나는 동물들 중에 오리 한 마리를 골랐다.

---

apartment
ə'partmənt
어'파ㅌ먼ㅌ

명 아파트

I live in an apartment.
나는 아파트에서 산다.

---

around
ə'raund
어'롸운ㄷ

전 ~의 주위에
부 대략, 주위에

He traveled around the world.
그는 전 세계를 여행했다.

---

at
æt
앹

전 ~에, ~에서

She is at school.
그녀는 학교에 있다.

back
'bæk
'백

   부 뒤로, 다시
   명 뒤, 등

Come back home.
집으로 돌아와라.

---

bank
'bæŋk
'뱅크

   명 은행, 둑

I draw money in the bank.
나는 은행에서 돈을 인출했다.

---

bath
'bæθ
'배ㅅㅌ

   명 욕조, 목욕

I take a bath every Saturday.
나는 토요일마다 목욕을 한다.

---

beach
'biʧ
'비치

   명 해변

A dog is walking on the beach.
개 한 마리가 해변을 걷고 있다.

---

behind
bə'haɪnd
비'하인ㄷ

   전 ~뒤에
   부 뒤에

Don't hide behind me.
내 뒤에 숨지 말아라.

---

below
bə'loʊ
비'로ㅜ

   부 아래에
   전 ~보다 아래에

The temperature is below zero.
온도가 영하(0도 아래)이다.

---

between
bɪ'twin
비'ㅌ윈

   전 ~사이에

There is no secret between you and me.
너와 나 사이에는 비밀이 없다.

---

bridge
'brɪdʒ
'ㅂ뤼지

   명 다리

I crossed the bridge.
나는 다리를 건넜다.

camp
'kæmp
'캠ㅍ
명 캠프, 야영지
동 캠핑하다

I went to camp last week.
나는 지난주에 캠프에 갔다.

capital
'kæpətəl
'캐피틀
명 수도, 대문자, 자금

Seoul is the capital of Korea.
서울은 한국의 수도이다.

ceiling
'silɪŋ
'씰링
명 천장

A fly is on the ceiling.
파리가 천장에 앉아 있다.

center
'sentər
'센터-
명 중심, 중심지

Bananas are in the center of the table.
바나나들이 테이블 중앙에 있다.

church
'tʃɜːtʃ
'치어ㅓ-치
명 교회

I go to church every Sunday.
나는 매주 일요일에 교회에 간다.

city
'sɪti
'씨티
명 도시

Seoul is a big city.
서울은 큰 도시이다.

class
'klæs
'클래ㅅ
명 수업, 학급, 계급

I have a music class today.
나는 오늘 음악 수업이 있다.

country
'kʌntri
'컨트뤼
명 나라, 국가, 지역

Korea is a beautiful country.
한국은 아름다운 나라이다.

earth
'ɜ·θ
'얼-ㅅㅌ
몡 지구, 땅

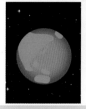

The earth is round.
지구는 둥글다

east
'ist
'이ㅅㅌ
몡 동쪽
혱 동쪽의

The sun rises in the east.
태양은 동쪽에서 뜬다.

fair
'fer
"페ㅓ
혱 공정한
몡 박람회

That's not fair.
그것은 공정하지 않다.

far
'far
"파
혱 먼
뷔 멀리, 훨씬

Busan is far from here.
부산은 여기서 멀다.

farm
'farm
"팜
몡 농장

The cows live on the farm.
그 소들은 농장에 산다.

field
'fild
"필ㄷ
몡 들판, 경기장

The field is full of flowers.
들판이 꽃으로 가득하다.

floor
'flor
"플(ㅗ)ㅓ-
몡 층, 바닥

She lives on the 5th floor.
그녀는 5층에 산다.

garden
'gardən
'가든
몡 정원

There are many flowers in the garden.
정원에 많은 꽃이 있다.

gate
'geɪt
'게잍

📍 대문, 입구

The gate is always open.
그 대문은 언제나 열려 있다.

ground
'graʊnd
'그롸운ㄷ

📍 땅, 기초, 바닥

The dog sleeps on the ground.
그 개는 땅 위에서 잔다.

hall
'hɒl
'ㅎ(ㅗ)알

📍 회관, 복도

She ran into the hall.
그녀는 복도로 뛰어 들어갔다.

here
hɪər
히ㅓ-

📍 여기, 여기에서

Here is your coffee.
여기에 당신의 커피가 있다.

high
'haɪ
'하이

📍 높은
📍 높이, 높게

She jumped high.
그녀는 높이 뛰었다.

hill
'hɪl
'힐

📍 언덕

A house is on the hill.
집이 언덕 위에 있다.

home
hoʊm
호움

📍 집, 가정
📍 집으로

Let's go home.
집에 갑시다.

hospital
'hɑˌspɪtəl
'하ˌ스핕을

📍 병원

I went to hospital.
나는 병원에 갔다.

hotel
ˌhoʊˈtel
ˌ호ㅜˈ텔
명 호텔

I stayed at the hotel for two days.
나는 호텔에서 이틀 동안 머물렀다.

house
ˈhaʊs
ˈ하ㅜㅅ
명 집, 가정

My family lives in the small house.
우리 가족은 작은 집에 산다.

in
ɪn
인
전 ~안에

She is in my room.
그녀는 나의 방에 있다.

into
ˈɪnˈtu
ˌ인ˈ투
전 ~안으로

A rabbit went into the box.
토끼 한마리가 상자 안으로 들어갔다.

island
ˈaɪlənd
ˈ아일렌ㄷ
명 섬

Jeju Island is a beautiful island.
제주도는 아름다운 섬이다.

jungle
ˈdʒʌŋɡəl
ˈ쥐엉글
명 정글, 밀림

The tigers live in the jungle.
그 호랑이들은 정글에 산다.

kitchen
ˈkɪtʃən
ˈ키췬
명 부엌

There is a duck in the kitchen.
부엌에 오리 한 마리가 있다.

lake
ˈleɪk
ˈ(을)레이ㅋ
명 호수

The fish live in the lake.
그 물고기들은 호수에 산다.

land
'lænd
'(을)랜ㄷ

명 육지, 나라
동 착륙하다

Dolphins can't live on land.
돌고래는 육지에서 살 수 없다.

library
'laɪbreri
'(을)라이브뤠뤼

명 도서관

I sometimes study in the library.
나는 때때로 도서관에서 공부를 한다.

low
'loʊ
'(을)로ㅜ

형 낮은
부 늦게

The chair is too low for me.
그 의자는 나에게 너무 낮다.

market
'mɑrkət
'마킽

명 시장, 마켓, 식료품점

The market opens every 5 days.
시장이 5일마다 열린다.

middle
'mɪdəl
'미들

형 가운데의

He woke up in the middle of the night.
그는 한밤중에 잠에서 깼다.

mountain
'maʊntən
'마운튼

명 산

The mountain is very high.
그 산은 정말 높다.

near
'nɪr
'니어

전 ~에서 가까이
형 가까운

There is a park near my house.
우리 집 근처에 공원이 있다.

north
'nɔrθ
'ㄴ(ㅗ)ㅓ-ㅅㅌ

명 북쪽
형 북쪽의

The wind blows from the north.
바람이 북쪽에서 불어온다.

off
'ɔf
'(ㅗ)ㅏ'ㅍ

부 벗어나, 최소된
전 ~에 떨어져, ~벗어나

I turned off the light.
나는 불을 껐다.

office
'ɑfəs
'아'피ㅅ

명 사무실

She works in my office.
그녀는 나의 사무실에서 일한다.

on
an
안

전 ~위에
형 켜진

I turned on the light.
나는 불을 켰다.

out
'aʊt
'아욷

부 밖에, 밖으로

Get out of here.
여기서 나가라.

over
'oʊvr
'오ㅜ'버-

전 ~위에, ~을 넘어

Clouds are over the mountain.
구름이 산 위에 있다.

park
'park
'파ㅋ

명 공원

Let's play soccer in the park.
공원에서 축구하자.

pass
'pæs
'패ㅅ

동 통과하다, 건네다
명 통과, 합격

Pass the salt, please.
소금 좀 건네주세요.

place
'pleɪs
'플레이ㅅ

명 장소
동 놓다, 머물다

My parents first met in this place.
나의 부모님은 이 장소에서 처음
만났다.

pool
'pul
'풀

명 웅덩이, 수영장

They are swimming in the pool.
그들은 수영장에서 수영을 하고 있다.

post
poust
포ㅜㅅㅌ

명 우편(물), 기둥

The post office is near my house.
우체국이 나의 집 근처에 있다.

put
'put
'풑

동 놓다, 두다

Put oranges on the table.
식탁 위에 오렌지들을 둬라.

restaurant
'restə,rant
'뤠ㅅ터,뢴ㅌ

명 식당

My family had dinner in the restaurant.
우리 가족은 식당에서 저녁을 먹었다.

river
'rɪvər
'뤼'버-

명 강

There was a river near the restaurant.
식당 근처에 강이 있었다.

roof
'ruf
'루ㅜ'ㅍ

명 지붕

A bird is sleeping on the roof.
새가 지붕 위에서 자고 있다.

room
'rum
'루움

명 방

My room is small.
나의 방은 작다.

school
'skul
'스쿨

명 학교

I go to school every day.
나는 매일 학교에 간다.

set
'set
'셑

동 놓다, 맞추다, 지다
명 모음, 세트

The sun set at 6 p.m.
해가 오후 6시에 졌다.

shop
'ʃɑp
'쉬앞

명 가게
동 사다, 쇼핑하다

The shop is open until 9 p.m.
그 가게는 오후 9시까지 문을 연다.

sky
'skaɪ
'ㅅ카이

명 하늘

The sky is blue.
하늘이 파랗다.

south
'saʊθ
'사ㅜㅅㅌ

명 남쪽
형 남쪽의

Birds fly south in the winter.
새들은 겨울에 남쪽으로 날아간다.

space
'speɪs
'스페이ㅅ

명 우주, 공간

They sent a dog into space.
그들은 개를 우주로 보냈다.

station
'steɪʃən
'스테이션

명 역, 정거장, 본부

The next station is Yong-san.
다음 정거장은 용산이다.

store
'stor
'ㅅ터(ㅗ)ㅓ-

명 가게
동 저장하다

The store closes at 10 p.m.
그 가게는 오후 10시에 닫는다.

street
'strit
'ㅅㅌ뤼ㅌ

명 거리

Pigs are in the street.
돼지들이 거리에 있다.

supermarket
'super,markit
'수퍼-,마킽

명 슈퍼마켓

I go to the supermarket on weekends.
나는 주말마다 슈퍼마켓에 간다.

temple
'tempəl
'템플

명 신전, 종교 사원

He prayed at the temple.
그는 사원에서 기도했다.

there
ðer
ㄷ헤ㅓ

부 거기에

There is a temple in the mountain.
산에 사원이 있다.

top
'tap
'탚

명 꼭대기, 팽이

We ate a hamburger on top of a mountain.
우리는 산 꼭대기에서 햄버거를 먹었다.

town
'taʊn
'타운

명 작은 도시, 마을

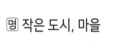

I grew up in a small town.
나는 작은 마을에서 자랐다.

under
'ʌndr
'언더-

전 ~의 아래에, ~중인

There is a cat under the bridge.
다리 밑에 고양이 한 마리가 있다.

village
'vɪlɪdʒ
''빌리지

명 마을

The village is near a lake.
그 마을은 호수 근처에 있다.

wall
'wɒl
'월

명 벽, 담

She wrote her name on the wall.
그녀는 벽에 그녀의 이름을 썼다.

west
'west
'웨ㅅㅌ

명 서쪽
형 서쪽의

The sun sets to the west.
해는 서쪽으로 진다.

---

where
'hwer
'웨ㅓ-

접 어디, 어디서

Where are you going?
너는 어디가니?

---

window
'wɪndoʊ
'윈도ㅜ

명 창문

I closed the window.
나는 창문을 닫았다.

---

world
'wɜ-ld
'워-ㄹㄷ

명 세계

There are many countries in the world.
세계에는 많은 나라들이 있다.

---

zoo
'zu
'ㅈ우

명 동물원

There are many animals at the zoo.
동물원에는 많은 동물들이 있다.

---

about
ə'baʊt
어'바웉

전 ~에 관하여
부 대략, 근처에

She is talking about you.
그녀는 당신에 대해 이야기하는 중이다.

---

along
ə'lɒŋ
어'ㄹ(ㅗ)엉

전 ~을 따라서

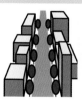

She walked along the river.
그녀는 강을 따라 걸었다.

---

as
æz
애ㅈo

전 ~로서, ~할 때, ~에 따라

As a student, we study.
학생으로서 우리는 공부를 한다.

beside
bə'saɪd
버'사이ㄷ

전 ~의 곁에

The car is beside the wall.
그 차는 벽 옆에 있다.

by
baɪ
바이

전 ~옆에, ~까지,
~에 의해

She sat by the fire.
그녀는 불 옆에 앉았다.

for
fɔr
ㅍ(ㅗ)ㅓ-

전 ~을 위하여

She works hard for her family.
그녀는 가족을 위해 열심히 일한다.

of
ʌv
어'ㅂ

전 ~의

The smell of flowers is sweet.
꽃의 향기가 달콤하다.

than
ðæn
ㄷ핸

전 ~보다

She is more beautiful than Suzi.
그녀는 수지보다 더 아름답다.

through
θru
ㅅ트루

전 ~을 통하여, ~을 지나서

She looked through the window.
그녀는 창문을 통해 바라보았다.

to
tu
투

전 ~으로, ~에, ~까지

He gave the book to me.
그는 나에게 그 책을 주었다.

with
wɪθ
위ㄷㅎ

전 ~와 함께, ~한 성질의

I want to dance with you.
나는 당신과 춤추고 싶다.

and æn d 앤ㄷ	접 그리고		I love you and you love me. 나는 당신을 사랑하고 당신은 나를 사랑한다.
because bɪ'kɒz 비'ㅋ(ㅗ)ㅓ ㅈㅇ	접 왜냐하면, ~때문에		I love you because you are pretty. 나는 너를 사랑한다 왜냐하면 너는 예쁘기 때문에.
but bʌt 벝	접 그러나, 하지만		I like the zoo, but I don't like animals. 나는 동물원을 좋아한다, 그러나 나는 동물들을 좋아하지 않는다.
if 'ɪf '이'ㅍ	접 만약에, ~인지		If you want it, you can do it. 네가 원한다면 넌 할 수 있다.
or or (ㅗ)ㅓ-	접 또는, ~이거나		Is it big or small? 그것은 크나요, 작나요?
yet jet 옏	부 아직, 이미 접 그러나		I am not married yet. 저는 아직 미혼이다.
a, an eɪ, æn 어, 언	관 (하나의)		You can eat an apple or a banana. 당신은 사과나 바나나를 먹을 수 있다.
it 'ɪt '잍	명 그것		What is it? 그것이 무엇인가요?

that ðæt ㄷ햍	명 저것 형 저		That is my computer. 저것은 나의 컴퓨터이다.
the ði: ㄷ히:	관 (그)		The bag is mine. 그 가방은 나의 것이다.
this ðɪs ㄷ히ㅅ	명 이것 형 이		This is my bag. 이것은 나의 가방이다.
what ˈhwʌt ˈ왇	접 무엇, 어떤		What color do you like? 너는 어떤 색깔을 좋아하니?
which hwɪtʃ 위치	접 어느 것, 어느		Which color do you like? Pink or blue? 무슨 색을 좋아해? 분홍색 아니면 파랑색?
bag ˈbæɡ ˈ백	명 가방		My bag is red. 나의 가방은 빨갛다.
button ˈbʌtən ˈ버튼	명 단추, 버튼		I pressed the button. 나는 버튼을 눌렀다.
cap ˈkæp ˈ캪	명 야구 모자		I like to wear a cap. 나는 야구 모자 쓰는 것을 좋아한다.

clothes klouðz 클로ㅜㄷㅎ지ㅇ	명 옷		I need new clothes for work. 나는 일을 위해 새 옷이 필요하다.
coat ˈkoʊt ˈ코ㅜㅌ	명 코트 동 코팅하다		We wear a coat in winter. 우리는 겨울에 코트를 입는다.
dress ˈdres ˈ드뤠ㅅ	명 드레스 동 옷을 입다		I bought a new dress yesterday. 나는 어제 새 드레스를 샀다.
gloves ˈgləv ˈ글러ˈㅂㅅ	명 장갑		Gloves are necessary in winter. 장갑은 겨울에 필수이다.
hat ˈhæt ˈ햍	명 모자		She put the hat on her head. 그녀는 머리에 모자를 썼다.
pants ˈpænts ˈ팬ㅊ	명 바지		I want to buy pants. 나는 바지를 사고 싶다.
pocket ˈpɑkət ˈ파킽	명 주머니		I want to buy pants with pockets. 나는 주머니가 있는 바지를 사고 싶다.
ring ˈrɪŋ ˈ륑	명 반지, 고리		I lost my wedding ring. 나는 나의 결혼 반지를 잃어버렸다.

75

shirt
'ʃɜ·t
'쉬얼-ㅌ

명 셔츠

My shirt got dirty.
나의 셔츠가 더러워졌다.

shoes
'ʃuz
'쉬ㅜ즈

명 신발, 구두

I have lots of shoes.
나는 많은 신발을 가지고 있다.

skirt
'skɜ·t
'ㅅ컬-ㅌ

명 치마, 스커트

I prefer a skirt to pants.
나는 바지보다 치마를 더 좋아한다.

socks
'sak
'삭ㅅ

명 양말

My socks are wet because of rain.
나의 양말이 비 때문에 젖었다.

sweater
'swetər
'스웨터-

명 스웨터

The sweater will make you warm.
그 스웨터는 당신을 따뜻하게 해 줄 것이다.

wear
'wer
'웨ㅓ-

동 입다, 닳다

I always wear a sweater in winter.
나는 겨울에 항상 스웨터를 입는다.

bicycle
'baɪsɪkəl
'바이식을

명 자전거

I go to school by bicycle.
나는 자전거를 타고 학교에 간다.

boat
bout
보ㅜㅌ

명 배, 보트

The boat is on the lake.
그 배는 호수 위에 있다.

bus
'bəs
'버ㅅ

명 버스

She went to church by bus.
그녀는 버스를 타고 교회에 갔다.

car
'kɑr
'카

명 자동차

I bought a car.
나는 차를 샀다.

drive
'draɪv
'ㄷ롸이'ㅂ

동 운전하다, 몰다

I drive a car.
나는 차를 운전한다.

plane
'pleɪn
'ㅍ(을)레인

명 비행기
형 평평한

The plane landed at the airport.
그 비행기는 공항에 착륙했다.

ride
'raɪd
'롸이ㄷ

동 (탈 것을) 타다

I can ride a motorcycle.
나는 오토바이를 탈 수 있다.

rocket
'rɑkət
'롸킽

명 로켓

The rocket flew into space.
그 로켓은 우주로 날아갔다.

ship
'ʃɪp
'쉽

명 배

She boarded the ship at the port.
그녀는 항구에서 배를 탔다.

skate
'skeɪt
'ㅅ케잍

명 스케이트
동 스케이트를 타다

The kids skate at the park.
그 아이들은 공원에서 스케이트를 탄다.

subway
ˈsʌˌbweɪ
'서ˌ브웨ㅣ

명 지하철, 지하도

I take the subway every morning.
나는 매일 아침 지하철을 탄다.

taxi
ˈtæksi
'택씨

명 택시

She took a taxi to the zoo.
그녀는 동물원에 가기 위해 택시를 탔다.

train
ˈtreɪn
'트뤠인

명 기차, 열차
동 훈련하다

The train stops at this station.
기차가 이 역에서 멈춘다.

truck
ˈtrək
'트뤽

명 트럭, 화물차

He drove his truck.
그는 트럭을 몰았다.

clean
ˈklin
'클린

형 깨끗한
동 청소하다

His car is always clean.
그의 차는 항상 깨끗하다.

dirty
ˈdɜˑti
'덜-티

형 더러운

My skirt got dirty.
나의 치마가 지저분해졌다.

wash
ˈwɑʃ
'와쉬

동 씻다, 세척하다

I washed my hands.
나는 나의 손을 씻었다.

album
ˈælbəm
'앨범

명 사진첩, 앨범

There are many pictures in the album.
앨범에 많은 사진들이 있다.

ball
'bɒl
'ㅂ(ㅗ)알

명 공

The ball rolled under the table.
그 공이 테이블 아래로 굴러갔다.

balloon
bə'lun
버'(을)룬

명 풍선

She blew up a balloon.
그녀는 풍선을 불었다.

band
'bænd
'밴드

명 악단, 밴드, 끈

The band is back.
그 밴드[악단이]가 돌아왔다.

basket
'bæskət
'배ㅅ킽

명 바구니

There are oranges in the basket.
바구니 안에 오렌지들이 있다.

bed
'bed
'베드

명 침대

He is sleeping in the bed.
그는 침대에서 자는 중이다.

bell
'bel
'벨

명 종, 벨

The bell is ringing.
벨이 울리는 중이다.

bench
'bentʃ
'벤치

명 긴 의자, 벤치

She is sitting on the bench.
그녀는 벤치에 앉아 있다.

board
'bɔrd
'보ㅓ-드

명 게시판, 보드, 판자

The board is 2 meters long.
그 판자는 길이가 2미터이다.

book
'buk
'북

명 책
동 예약하다

I read a book every day.
나는 매일 책을 읽는다.

---

bottle
'bɑtəl
'받을

명 병

The bottle is filled with water.
그 병은 물로 가득 차 있다.

---

bowl
boʊl
보울

명 사발

There is a bowl of water in the room.
방에 물이 담긴 사발이 있다.

---

box
'bɑks
'박ㅅ

명 상자, 박스

The box is heavy.
그 박스는 무겁다.

---

brush
'brəʃ
'브뤄쉬

명 솔, 브러쉬
동 솔질하다

I brushed my teeth.
나는 양치질을 했다.

---

calendar
'kæləndər
'캘린더-

명 달력

The calendar is on the wall.
달력이 벽에 있다.

---

camera
'kæmərə
'캠ㅓ-러

명 사진기, 카메라

How does the camera work?
그 카메라는 어떻게 작동합니까?

---

candle
'kændəl
'캔들

명 초, 양초

I lit a candle.
나는 초를 켰다.

---

card
'kard
'카ㄷ

명 카드

I paid with my credit card.
나는 나의 신용카드로 결제했다.

cassette
kəˈset
커'셋

명 카세트

The cassette is not working.
그 카세트는 작동하지 않는다.

chair
'tʃer
'췌ㅓ

명 의자

My chair is old.
나의 의자는 낡았다.

chalk
'tʃɑk
'촥ㅋ

명 분필

There is no chalk in the class.
교실에 분필이 없다.

chopstick
'tʃɑpˌstɪk
'촵ˌ스틱

명 젓가락

We eat noodles with chopsticks.
우리는 젓가락으로 국수를 먹는다.

clock
'klɑk
'클락

명 시계

He broke the clock.
그가 시계를 고장냈다.

club
'kləb
'클럽

명 클럽, 동아리, 곤봉

I am a member of this club.
나는 이 클럽의 회원이다.

coin
ˌkɔɪn
ˌ크(ㅗ)ㅓ인

명 동전

Look at the back of the coin.
동전의 뒷면을 보세요.

computer
kəmˈpjutər
컴'퓨터-
명 컴퓨터

The computer is on the desk.
컴퓨터가 책상 위에 있다.

crayon
ˈkreɪˌɑn
'크뤠ㅣ,안
명 크레용

She drew a picture with a crayon.
그녀는 크레용으로 그림을 그렸다.

cup
kʌp
컾
명 컵

She filled the cup with juice.
그녀는 컵에 주스를 채웠다.

curtain
ˈkɜˌtən
'컬-튼
명 커튼

He closed the curtains at night.
그는 밤에 커튼을 닫았다.

desk
ˈdesk
'데ㅅㅋ
명 책상

She put the books on the desk.
그녀는 책들을 책상 위에 뒀다.

dial
ˈdaɪəl
'다이을
명 숫자판, 다이얼

The telephone has a dial.
전화기에 다이얼이 있다.

diary
ˈdaɪəri
'다이ㅓ뤼
명 일기, 일기장

He keeps a diary at night.
그는 밤에 일기를 쓴다.

doll
ˈdɑl
'달
명 인형

She played with her doll.
그녀는 그녀의 인형과 놀았다.

dollar
'dɑlər
'달러-

명 달러

I need one dollar.
나는 1달러가 필요하다.

---

door
'dɔr
'ㄷ(ㅗ)ㅓ-

명 문

I opened the door.
나는 문을 열었다.

---

drum
'drəm
'ㄷ뤔

명 북, 드럼

He is playing the drum.
그는 드럼을 치고 있다.

---

engine
'endʒən
'엔쥔

명 엔진

The train has a powerful engine.
그 기차는 강력한 엔진을 가진다.

---

eraser
ɪ'reɪsər
이'뤠이서-

명 지우개

She put the eraser in her pencil case.
그녀는 그녀의 필통에 지우개를 넣었다.

---

flag
'flæg
''플래ㄱ

명 깃발

The flag is flying in the wind.
깃발이 바람에 날리고 있다.

---

fork
'fɔrk
''ㅍ(ㅗ)ㅓ-ㅋ

명 포크

She eats spaghetti with a fork.
그녀는 포크로 스파게티를 먹는다.

---

glass
'glæs
'글래ㅅ

명 유리, 유리컵
형 유리의

I drank a glass of tomato juice.
나는 토마토 주스 한잔을 마셨다.

gold
gould
고울ㄷ

명 금
형 금으로 된

Gold costs a lot.
금은 비싸다.

guitar
gəˈtar
기ˈ타-

명 기타

I have a gold guitar.
나는 황금색 기타를 가지고 있다.

handle
ˈhændəl
ˈ핸들

명 핸들, 손잡이
동 다루다

I want a cup with a handle.
나는 손잡이가 달린 컵을 원한다.

hose
houz
호우ㅈㅇ

명 호스

The water hose is long.
물 호스가 길다.

ink
ˈɪŋk
ˈ잉ㅋ

명 잉크, 먹물

The ink was dry.
잉크가 말랐다.

key
ˈki
ˈ키

명 열쇠, 키

I locked the door with the key.
나는 열쇠로 문을 잠갔다.

knife
ˈnaɪf
ˈ나이ˈㅍ

명 칼, 나이프

We cut meat with a knife.
우리는 고기를 칼로 썬다.

lamp
ˈlæmp
ˈ(을)램ㅍ

명 등잔, 램프

There is a lamp on the desk.
책상 위에 등잔이 있다.

line
'laɪn
'(을)라인

명 선, 줄, 끈

Many people are in a line.
많은 사람들이 한줄로 서 있다.

map
'mæp
'맵

명 지도

The map shows all the countries.
그 지도는 모든 나라를 보여준다.

medal
'medəl
'메들

명 메달, 훈장

She won a gold medal in the Olympic Games.
그녀는 올림픽 경기에서 금메달을 땄다.

mirror
'mɪrər
'미러-

명 거울

She likes to look in the mirror.
그녀는 거울 보는 것을 좋아한다.

news
'nuz
'뉴ㅈㅇ

명 뉴스

I got bad news for you.
너한테 안 좋은 소식이 있어.

note
noʊt
노우ㅌ

명 메모, 쪽지
동 주목하다

She left a note for me.
그녀는 나에게 메모를 남겼다.

oil
ɔɪl
'(ㅗ)ㅓ일

명 기름, 오일
형 기름의

The engine needs more oil.
그 엔진은 더 많은 기름이 필요하다.

pen
'pen
'펜

명 펜, 가축 우리

I write with a pen.
나는 펜으로 글을 쓴다.

pencil
'pensəl
'펜슬

명 연필

I draw with a pencil.
나는 연필로 그린다.

piano
pi'ænoʊ
피'애노ㅜ

명 피아노

She plays the piano well.
그녀는 피아노를 잘 친다.

pin
'pɪn
'핀

명 핀

I popped the balloon with a pin.
나는 핀으로 풍선을 터트렸다.

pipe
'paɪp
'파이ㅍ

명 파이프, 피리

Water flows through the pipe.
물은 파이프를 통해 흐른다.

radio
'reɪdiˌoʊ
'뤠이디ˌ오ㅜ

명 라디오
형 무선의

Turn the radio on.
라디오를 켜라.

ribbon
'rɪbən
'뤼본

명 리본

My daughter has a ribbon in her hair.
나의 딸은 머리에 리본을 하고 있다.

robot
'roʊbɑt
'로ㅜ밭

명 로봇

The robot can walk and talk.
그 로봇은 걷고 말할 수 있다.

roll
roʊl
로울

명 두루마리
동 구르다, 굴리다

How much is a roll of stamps?
우표 한 줄에 얼마죠?

ruler
'rulər
'룰러-

명 자

The ruler is 30cm long.
그 자는 길이가 30cm이다.

---

silver
'sɪlvər
'씰'버-

명 은
형 은으로 된

Silver is cheaper than gold.
은이 금보다 싸다.

---

soap
soup
소웊

명 비누

Wash your hands with soap.
비누로 너의 손을 씻어라.

---

spoon
'spun
'ㅅ푼

명 숟가락, 스푼

I eat soup with a spoon.
나는 숟가락으로 수프를 먹는다.

---

stairs
'sterz
'스테ㅓ-ㅈㅇ

명 계단

He walked up the stairs.
그는 계단을 걸어 올라갔다.

---

stamp
'stæmp
'스탬ㅍ

명 우표, 스탬프

Stick stamps on an envelope.
봉투에 우표를 붙이다.

---

stick
'stɪk
'ㅅ틱

명 막대기
동 찌르다, 붙이다

Don't hit people with a stick.
막대기로 사람들을 때리지 마라.

---

stove
stoʊv
스토ㅜ'ㅂ

명 난로, 화덕

He turned off the stove.
그는 난로를 껐다.

table
'teɪbəl
'테이블
명 탁자, 테이블

There is a robot under the table.
테이블 아래에 로봇이 있다.

tape
'teɪp
'테잎
명 테이프

She put tape on the paper.
그녀는 종이에 테이프를 붙였다.

telephone
'telə,foʊn
'텔레,'포운
명 전화기

The telephone is ringing.
전화기가 울리고 있다.

television
'telə,vɪʒən
'텔레,'비젼
명 텔레비전, TV

She is watching the television.
그녀는 텔레비전을 보고 있다.

thing
θɪŋ
'ㅅ팅
명 물건, 것

What kinds of thing do you like?
너는 어떤 종류의 것을 좋아하니?

ticket
'tɪkət
'티킽
명 표, 티켓

TICKET

I bought a plane ticket.
나는 비행기 표를 샀다.

tie
'taɪ
'타이
명 끈
동 묶다

Do you know how to tie a necktie?
너는 넥타이 매는 법을 아니?

umbrella
ʌm'brelə
엄'브뤨러
명 우산

When it rains, we need an umbrella.
비가 올 때, 우리는 우산이 필요하다.

video
'vɪdiou
''비디오ㅜ

명 비디오

I watched the music video.
나는 뮤직 비디오를 보았다.

violin
vaɪə'lɪn
'바이어'(을)린

명 바이올린

She played the violin.
그녀는 바이올린을 켰다.

wing
'wɪŋ
'윙

명 날개

Birds have wings.
새는 날개를 가지고 있다.

be
bi
비

동 ~이다, ~되다, ~에 있다

He will be a teacher.
그는 선생님이 될 것이다.

become
bɪ'kʌm
비'컴

동 ~이 되다, 어울리다

He wants to become a robot.
그는 로봇이 되고 싶다.

build
'bɪld
'빌드

동 짓다, 만들어 내다

Do you wanna build a snowman?
너는 눈사람 만들고 싶니?

copy
'kɑpi
'카피

명 사본, 복사
동 복사하다

Can you copy this page?
이 페이지를 복사해주시겠어요?

make
'meɪk
'메익

동 만들다, ~하게 하다

I made a cake.
나는 케이크를 만들었다.

print
'prɪnt
'프륀트
- 명 인쇄
- 동 인쇄하다

How do I print?
어떻게 인쇄해야 하는가?

---

dictionary
'dɪkʃəˌneri
'딕쉬ㅓ,너뤼
- 명 사전

I borrowed a dictionary in the library.
나는 도서관에서 사전을 빌렸다.

---

draw
'drɒ
'ㄷㄹ(ㅗ)ㅏ
- 동 그리다, 끌다
- 명 무승부

I drew a picture of you.
나는 너의 그림을 그렸다.

---

letter
'letər
'(을)레터-
- 명 편지

I got a letter from my brother.
나는 나의 남자형제로부터 편지를 받았다.

---

list
'lɪst
'(을)리ㅅㅌ
- 명 목록

Copy the mail list.
우편 목록을 복사하라.

---

mail
'meɪl
'메일
- 명 우편, 메일

I sent an e-mail to my sister.
나는 나의 여자형제에게 이메일을 보냈다.

---

page
'peɪdʒ
'페이지
- 명 쪽, 페이지

I didn't read the last page yet.
나는 마지막 페이지를 아직 읽지 않았다.

---

paint
'peɪnt
'페인트
- 동 (색)칠하다
- 명 물감, 페인트

I want to paint a picture.
나는 그림을 색칠하고 싶다.

paper
'peɪpər
'페잎ㅓ-

명 종이, 서류

She drew a picture on the paper.
그녀는 종이에 그림을 그렸다.

picture
'pɪktʃər
'픽춰-

명 그림, 사진

Do you have a picture of her?
너는 그녀의 사진을 가지고 있니?

poster
'poustə
'포ㅜㅅ터

명 벽보, 포스터

There was a picture of him on the poster.
포스터에 그의 사진이 있었다.

record
rə'kord
레'ㅋ(ㅗ)ㅓ-ㄷ

명 기록, 음반
동 기록하다

I recorded the video.
나는 비디오를 녹음했다.

sign
'saɪn
'싸인

명 기호, 신호
동 서명하다

I signed on the paper.
나는 서류에 서명했다.

story
'stori
'ㅅㅌ(ㅗ)ㅓ뤼

명 이야기, 줄거리

The teacher told the students her story.
선생님은 학생들에게 그녀의 이야기를 해 주었다.

write
'raɪt
'롸이ㅌ

동 (글을) 쓰다

I wrote a letter to my brother.
나는 나의 남자형제에게 편지를 썼다.

black
'blæk
'블랙

명 검정색
형 검은

I wrote a letter with a black pen.
나는 검정색 펜으로 편지를 썼다.

blue
'blu
'블루

⑲ 파란색
⑲ 파란

The sky is blue.
하늘이 파랗다.

bright
'braɪt
'브롸이트

⑲ 밝은, 빛나는, 영리한

Her eyes are bright.
그녀의 눈은 빛난다.

brown
'braʊn
'브롸운

⑲ 갈색
⑲ 갈색의

Her hair is brown.
그녀의 머리는 갈색이다.

color
'kʌlər
'컬러-

⑲ 색깔, 컬러

Black is my favorite color.
검정색은 내가 가장 좋아하는
색깔이다.

dark
'dɑrk
'다크

⑲ 어두운
⑲ 어둠, 어두운 색

She likes dark color like black.
그녀는 검은색 같은 어두운 색을
좋아한다.

gray
'greɪ
'그뤠이

⑲ 회색
⑲ 회색의

My grandmother's hair is gray.
할머니의 머리는 회색이다.

green
'grin
'그륀

⑲ 초록색
⑲ 초록색의

The grass is green.
잔디는 초록색이다.

light
'laɪt
'(을)라이트

⑲ 빛, 전등
⑲ 연한

The light is bright.
빛이 밝다.

look
'lʊk
'(을)룩

동 보다, ~처럼 보이다

Look at the girl.
저 소녀를 봐.

pink
'pɪŋk
'핑크

명 분홍색, 핑크
형 분홍색의, 핑크색의

The man is in pink pants.
그 남자는 분홍색 바지를 입고 있다.

red
'red
'뤠ㄷ

명 빨간색
형 빨간

His face turned red.
그의 얼굴이 빨간색이 되었다. (붉게 되었다.)

see
'si
'씨

동 보다, 이해하다

See you again.
또 보자.

show
'ʃoʊ
'쉬ㅗㅜ

동 보여주다
명 쇼

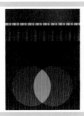

I like the TV show.
나는 그 TV쇼를 좋아한다.

watch
'wɑtʃ
'와치

동 지켜보다, 주의하다
명 손목 시계, 관찰

She watched TV.
그녀는 TV를 보았다.

white
'waɪt
'와이ㅌ

명 하얀색
형 하얀

Her teeth are white.
그녀의 치아는 하얗다.

yellow
'jeloʊ
'옐로ㅜ

명 노랑색
형 노란

Bananas are yellow.
바나나는 노란색이다.

cry
'kraɪ
'ㅋ롸이

동 울다, 소리치다

The child is crying.
아이가 울고 있다.

---

hear
'hɪr
'히어

동 듣다

I heard her voice.
나는 그녀의 목소리를 들었다.

---

listen
'lɪsən
'(을)리슨

동 듣다

She doesn't listen to me.
그녀는 내 말을 듣지 않는다.

---

loud
'laʊd
'(을)라ㅜㄷ

형 시끄러운

He is very loud.
그는 매우 시끄럽다.

---

music
'mjuzɪk
'뮤ㅈ익

명 음악

I don't like loud music.
나는 시끄러운 음악을 좋아하지 않는다.

---

noise
nɔɪz
ㄴ(ㅗ)ㅓ이ㅈㅇ

명 소음

Loud music can be noise.
시끄러운 음악은 소음일 수 있다.

---

sing
'sɪŋ
'씽

동 노래하다

She likes to sing.
그녀는 노래 부르는 것을 좋아한다.

---

song
'sɔŋ
'쓰(ㅗ)앙

명 노래

She likes to sing his songs.
그녀는 그의 노래를 부르는 것을 좋아한다.

---

sound
'saʊnd
'사운ㄷ

동 ~처럼 들린다
명 소리
형 건강한, (잠이) 깊은

The music sounds sweet.
그 음악은 달콤하게 들린다.

after
'æftər
'애'ㅍ터-

접 ~후에
전 ~의 후에, ~을 쫓는

She sings a song after school.
그녀는 방과 후에 노래를 부른다.

afternoon
ˌæftər'nun
ˌ애'ㅍ터-'눈

명 오후

I listen to music in the afternoon.
나는 오후에 음악을 듣는다.

age
'eɪdʒ
'에이지

명 나이, 시대

We are the same age.
우리는 동갑이다.

ago
ə'goʊ
어'고ㅜ

부 ~전에

I met her two days ago.
나는 이틀 전에 그녀를 만났다.

always
'ɔlweɪz
'(ㅗ)얼웨이ㅈㅇ

부 항상

I'm always waiting for you.
나는 항상 널 기다리고 있다.

autumn
'ɔtəm
'(ㅗ)ㅏ텀

명 가을

Autumn is a little cold.
가을은 조금 춥다.

before
bɪ'fɔr
비''ㅍ(ㅗ)ㅓ-

접 ~하기 전에
전 ~전에, ~앞에

He died before autumn.
그는 가을이 오기 전에 죽었다.

date
'deɪt
'데잍
명 날짜, 데이트

What is the date today?
오늘은 며칠이죠?

day
'deɪ
'데이
명 하루, 날, 낮

We were born on the same day.
우리는 같은 날 태어났다.

early
'ɜːli
'얼-리
부 일찍
형 이른

I can't get up early.
나는 일찍 일어날 수 없다.

evening
'iːvənɪŋ
'이'ㅂ닝
명 저녁, 밤
형 저녁의

I always feel tired in the evening.
나는 저녁이면 항상 피곤하다.

fall
'fɑl
''팔
동 떨어지다
명 가을

Leaves fall in autumn.
나뭇잎은 가을에 떨어진다.

holiday
'hɑlədeɪ
'할리데이
명 휴일, 휴가

Christmas is a special holiday.
크리스마스는 특별한 휴일이다.

hour
'aʊər
'아우어-
명 시간

I worked for 10 hours.
나는 10시간 동안 일했다.

hurry
'hɜri
'허-뤼
동 서두르다

Hurry up, or we will be late.
서둘러라, 그렇지 않으면 우리는 늦을 것이다.

last
'læst
'(을)래ㅅㅌ

형 마지막의, 가장 최근의

This is your last chance.
이것이 너의 마지막 기회다.

---

late
'leɪt
'(을)레이ㅌ

형 늦은
부 늦게

I am late for school.
나는 학교에 늦었다.

---

minute
'mɪnɪt
'미뉴ㅌ

명 (시간 단위)분, 잠깐

An hour has sixty minutes.
한 시간은 60분이다.

---

month
'mənθ
'먼ㅅㅌ

명 달, 개월

I passed the exam last month.
나는 지난 달에 시험에 합격했다.

---

morning
'mɔrnɪŋ
'모(ㅗ)ㅓ-닝

명 아침
형 아침의

I get up early in the morning.
나는 아침에 일찍 일어난다.

---

night
'naɪt
'나이ㅌ

명 밤

I don't sleep at night.
나는 밤에 잠을 안잔다.

---

now
'naʊ
'나ㅜ

부 지금

Get up right now.
지금 당장 일어나라.

---

o'clock
ə'klɑk
어'클락

부 ~시 정각

It is nine o'clock now.
지금은 9시이다.

---

often
nefc
'(ㅗ)ㅓ'픈

부 흔히, 종종

I am often late for school.
나는 종종 학교에 늦는다.

old
ould
오울ㄷ

형 늙은, 오래된

The old man is 70 years old.
그 노인은 70세이다.

once
'wʌns
'원ㅅ

부 한 번, 언젠가
접 ~하자마자

I met him once long ago.
나는 그를 오래 전에 한번 만났다.

present
'prezənt
'ㅍ뤠젠ㅌ

명 선물
형 현재의, 참석한

This song is a present for you.
이 노래는 당신을 위한 선물이다.

season
'sizən
'씨즌

명 계절
동 양념하다

Korea has four seasons.
한국은 사계절을 가진다.

soon
'sun
'순

부 곧, 머지 않아

He will arrive soon.
그는 곧 도착할 것이다.

spring
'spriŋ
'ㅅㅍ륑

명 봄, 용수철

Spring is coming soon.
봄이 곧 온다.

summer
'sʌmər
'서머-

명 여름

Summer is her favorite season.
여름은 그녀가 가장 좋아하는
계절이다.

then
'ðen
'ㄷ헨

부 그때, 그 다음에

I was young then.
나는 그때 어렸다.

till
'tɪl
'틸

전 ~까지
동 경작하다

I must do it till tomorrow.
나는 내일까지 그것을 해야 한다.

time
'taɪm
'타임

명 시간

I had a great time with my friends.
나는 친구들과 멋진 시간을 보냈다.

today
tə'deɪ
투'데이

부 오늘, 오늘날에
명 오늘, 현재

Today, I feel great.
오늘 나는 기분이 너무 좋다.

together
tə'geðər
투'게-ㄷ허

부 함께

We often spend time together.
우리는 자주 함께 시간을 보낸다.

tomorrow
tə'mɑ,roʊ
투'머,뤄우

부 내일
명 내일

Meet her tomorrow morning.
내일 아침 그녀를 만나 봐라.

tonight
tə'naɪt
투'나잍

부 오늘 밤에
명 오늘 밤

I want to see you tonight.
나는 오늘 밤에 너를 보고 싶다.

until
ʌn'tɪl
언'틸

전 ~까지

I didn't see her until tonight.
나는 오늘밤까지 그녀를 보지 못했다.

week
'wik
'위ㅋ

명 주, 평일

There are seven days in a week.
한 주에는 7일이 있다.

---

when
hwen
웬

접 ~할 때, 언제

When I was young, I didn't know that.
내가 어렸을 때, 나는 그걸 알지 못했다.

---

winter
'wɪntər
'윈터-

명 겨울

They built a snowman in winter.
그들은 겨울에 눈사람을 만들었다.

---

year
'jɪr
'이어

명 해, 년, 나이

This year, I will do many things.
올해 나는 많은 것들을 할 것이다.

---

yesterday
'jest̬rdei
'예ㅅ터데이

부 어제
명 어제

I saw her yesterday.
나는 어제 그녀를 보았다.

---

across
ə'krɒs
어'ㅋ로(ㅗ)ㅏㅅ

부 가로질러, 교차하여
전 ~을 가로질러,
~와 교차하여

I went across the street.
나는 길 건너 편으로 갔다.

---

arrive
ə'raɪv
어'라이'ㅂ

동 도착하다

I arrived at the airport.
나는 공항에 도착했다.

---

away
ə'wei
어'웨이

부 떨어져, 사라져

Go away, I don't want to see you.
가버려, 나는 너를 보고 싶지 않아.

bring 'brɪŋ '브링	동 가져오다		Can you bring her a present? 너는 그녀에게 선물을 가져다 줄 수 있니?
come 'kəm '컴	동 오다		Winter is coming. 겨울이 오는 중이다.
course 'kɔrs '크(ㅗ)ㅓ-ㅅ	명 강의, 과정, 코스		I take a computer course. 나는 컴퓨터 강의를 듣는다.
cross 'kras '크롸ㅅ	동 건너다 명 십자가		I crossed the street. 나는 길을 건넜다.
follow 'falou "팔로ㅜ	동 따라가다, 뒤를 잇다		She didn't follow the teacher. 그녀는 선생님을 따르지 않았다.
free 'fri "프뤼	형 자유로운, 무료의 부 무료로		I feel free when I'm alone. 나는 혼자 있을 때 자유로움을 느낀다.
go gou '고ㅜ	동 가다		If you go, I will go. 네가 가면 나도 가겠다.
hiking 'haɪkɪŋ '하이킹	명 도보여행, 하이킹		I go hiking every Sunday. 나는 매주 일요일에 하이킹을 간다.

jump
'dʒəmp
'점ㅍ

동 점프하다, 뛰어넘다

He jumped out of the bed.
그는 침대에서 벌떡 일어났다.

lead
'led
'(을)리ㄷ

동 이끌다, 앞장서다
명 납

If you lead, I'll follow you.
너가 앞장 서면 나는 너를 따를
것이다.

leave
'liv
'(을)리'브

동 떠나다, 남기다

Don't leave me alone.
나를 혼자 두지 말아라.

march
'martʃ
'마치

명 3월, 행진, 행군
동 행진하다, 행군하다

My birthday is on March 9.
나의 생일은 3월 9일이다.

meter
'mitər
'미터-

명 미터

The tree is two meters tall.
그 나무는 높이가 2미터이다.

move
'muv
'무'ㅂ

동 움직이다, 이사하다,
감동시키다

Don't move!
움직이지마!

picnic
'pɪkˌnɪk
'픽ˌ닉

명 소풍, 피크닉

In spring, we will go on a picnic.
봄에 우리는 소풍을 갈 것이다.

return
rə'tɜ˞n
뤼'터-언

동 돌아오다(가다),
돌려주다

He left his family, not to return.
그는 가족을 떠나, 다시는 돌아오지
않았다.

road
roʊd
로ㅜㄷ

명 도로

I saw a duck in the road.
나는 길에서 오리 한 마리를 보았다.

run
'rən
'뤈

동 달리다, 운영하다

We run together every morning.
우리는 매일 아침 함께 달린다.

send
'send
'센ㄷ

동 보내다

I sent flowers to her.
나는 그녀에게 꽃을 보냈다.

slide
s'laɪd
ㅅ'(을)라이ㄷ

동 미끄러지다
명 미끄럼틀

Children are going down the slide.
아이들이 미끄럼틀을 내려오고 있다.

step
'step
'스텦

명 걸음, 단계

Let's move to the next step.
다음 단계로 넘어가도록 하자.

travel
'trævəl
'트뤠'블

동 여행하다
명 여행

I traveled to Europe.
나는 유럽을 여행했다.

trip
'trɪp
'트륖

명 (목적있는 짧은) 여행

We took a trip together.
우리는 함께 여행을 했다.

turn
'tɜ·n
'터-언

동 돌다, 되다

Turn around and see me.
돌아서 나를 봐라.

visit
'vɪzət
''비 ㅈ아ㅌ

동 방문하다

I visited my school.
나는 나의 학교에 방문했다.

walk
'wɑk
'워 ㅋ

동 걷다, 산책하다

I walked along the road.
나는 길을 따라 걸었다.

way
'weɪ
'웨이

명 길, 방법, 방향
부 저쪽으로

This is an easy way.
이것은 쉬운 방법이다.

down
'daʊn
'다운

전 ~아래로
부 아래로, 아래에

Let's go down.
내려가자.

from
frʌm
ㅍ뤔

전 ~로 부터, ~에서

It is far from Busan to Seoul.
부산에서 서울까지는 멀다.

front
'frənt
''ㅍ뤈ㅌ

명 앞, 정면

They are in front of the school.
그들은 학교 앞에 있다.

left
'left
'(을)레'ㅍㅌ

명 왼쪽
형 왼쪽의
부 왼쪽으로

Turn left.
왼쪽으로 돌아라.

next
'nekst
'넥ㅅㅌ

형 다음의

A cat is next to the girl.
고양이가 소녀 옆에 있다.

right
ˈraɪt
'롸이트

- 명 오른쪽, 권리
- 형 오른쪽의, 옳은
- 부 정확히, 바로, 즉시

I am right-handed.
나는 오른손잡이다.

side
ˈsaɪd
'사이드

- 명 옆, 측면

This is the other side of the coin.
이것은 동전의 다른 면이다.

up
ʌp
엎

- 형 올라가는
- 부 위쪽으로, 위로
- 전 ~의 위로

My grades went up.
나의 성적이 올랐다.

busy
ˈbɪzi
'비지이

- 형 바쁜

I was busy yesterday.
나는 어제 바빴다.

fast
ˈfæst
''패ㅅ트

- 형 빠른
- 부 빠르게, 빨리

I ate fast because I was busy.
나는 바빴기 때문에 빨리 먹었다.

quick
ˈkwɪk
'쿠익

- 형 (재)빠른

Rabbits are quick.
토끼는 빠르다.

slow
sˈloʊ
ㅅ'로ㅜ

- 형 느린, 둔한

Snails are slow.
달팽이는 느리다.

speed
ˈspid
'ㅅ피ㄷ

- 명 속도, 스피드

The speed limit is 60km/h here.
그 속도 제한은 시속 60km이다.

bad
'bæd
'배ㄷ

형 나쁜

I don't feel bad.
나는 기분이 나쁘지 않다.

case
'keɪs
'케이ㅅ

명 경우, 사건, 케이스

It is not right in this case.
이 경우에는 옳지 않다.

excellent
'eksələnt
'엑설런ㅌ

형 훌륭한, 뛰어난

The food tastes excellent.
그 음식은 맛이 훌륭하다.

fact
'fækt
''팩ㅌ

명 사실, 현실

I didn't believe the fact.
나는 그 사실을 믿지 않았다.

famous
'feɪməs
''페이머ㅅ

형 유명한

She is a famous singer.
그녀는 유명한 가수이다.

fine
'faɪn
''파인

형 훌륭한
명 벌금

The weather is fine.
날씨가 좋다.

good
'gʊd
'굳

형 좋은, 착한

The weather is good today.
오늘 날씨가 좋다.

great
'greɪt
'그레잍

형 위대한, 훌륭한, 대단한

He has a great idea.
그는 대단한 아이디어를 가지고 있다.

never
'nevər
'네'버-

부 결코 ~아닌, 절대 ~아닌

He left his family, never to return.
그는 가족을 떠나 다시는 돌아오지 않았다.

nice
'naɪs
'나이스

형 좋은, 즐거운

He is a nice person.
그는 좋은 사람이다.

no
'noʊ
'노ㅜ

형 없는, 아닌
감 "아니"

I have no money.
나는 돈이 없다.

not
'nɑt
'낱

부 아닌, 않은

I do not have money.
나는 돈을 가지지 않았다.

real
riəl
뤼얼

형 진짜의, 현실의

The doll looks real.
그 인형은 진짜처럼 보인다.

true
'tru
'트루

형 진짜의, 참된

This story is true.
이 이야기는 진짜이다.

usual
'juʒəwəl
'유쥬얼

형 보통의, 평상시의

The weather is colder than usual.
날씨가 평소보다 춥다.

well
'wel
'웰

부 잘, 충분히
명 우물

She speaks English very well.
그녀는 영어를 매우 잘한다.

wrong
'rɔŋ
'르(ㅗ)엉

형 틀린, 잘못된

I didn't do something wrong.
나는 잘못한 것이 없었다.

afraid
ə'freɪd
어''ㅍ뤠이ㄷ

형 두려워하는, 걱정하는

She is afraid of the dark.
그녀는 어두움을 두려워한다.

angry
'æŋgri
'앵ㄱ뤼

형 화난

She is angry at me.
그녀는 나에게 화가 나 있다.

care
'ker
'케어-

명 돌봄, 조심, 걱정
동 관심갖다

Children need care from their parents.
아이들은 부모의 보살핌이 필요하다.

danger
'deɪndʒər
'데인져-

명 위험

He is in danger of his life.
그는 생명이 위태롭다.

dear
'dɪr
'디어

형 소중한, 존경하는
감 "어이쿠", "저런"

Dear my friend Dina, Hello? I am Jina.
나의 친구 디나에게, 안녕? 나는 지나야.

easy
'izi
'이ㅈ이

형 쉬운, 편안한

Playing the guitar is easy.
기타를 치는 것은 쉽다.

enjoy
ɪn'dʒɔɪ
인'쥐(ㅗ)ㅓ이

동 즐기다

I enjoyed playing the guitar.
나는 기타 치는 것을 즐겼다.

excite
ɪkˈsaɪt
익'사이트

동 흥분시키다, 일깨우다

I am excited to see the singer.
나는 그 가수를 보게 되어 흥분했다.

excuse
ɪkˈskjus
익'ㅅ큐ㅅ

명 변명, 이유
동 용서하다, 양해하다

Excuse me.
실례합니다.

feel
ˈfil
''필

동 느끼다

I feel good.
나는 좋게 느낀다. (나는 기분이 좋다.)

fun
ˈfən
''펀

형 재미있는, 즐거운
명 재미, 즐거움

Have fun!
재미있게 보내!

gentle
ˈdʒentəl
'젠틀

형 부드러운, 상냥한

I am gentle with my family.
나는 나의 가족들에게 상냥하다.

glad
ɡlæd
'글래ㄷ

형 기쁜

I'm glad to see you again.
나는 당신을 다시 만나서 기쁩니다.

happy
ˈhæpi
'해피

형 행복한

I feel happy when I see him.
나는 그를 볼 때 행복하다.

hate
ˈheɪt
'헤잍

동 싫어하다, 미워하다

I don't hate my sister.
나는 나의 여자형제를 싫어하지 않는다.

heart
'hɑrt
'핱
- 몡 마음, 심장, 애정

I love the girl in my heart.
나는 나의 마음속의 그녀를 사랑한다.

hope
hoʊp
호ㅜㅍ
- 동 바라다, 희망하다
- 몡 희망

I hope that you will be happy soon.
나는 네가 곧 행복해지길 바란다.

hungry
'hʌŋɡri
'헝ㄱ뤼
- 혱 배고픈

Are you hungry?
너는 배가 고프니?

idea
aɪ'diə
아이'디어
- 몡 아이디어, 발상

Do you have an idea?
너는 아이디어가 있니?

interest
'ɪntrəst
'인ㅌ뤠ㅅㅌ
- 몡 관심, 흥미, 이자
- 동 관심을 끌다

I am interested in music.
나는 음악에 관심이 있다.

kind
'kaɪnd
'카인ㄷ
- 혱 친절한
- 몡 종류

The boy is kind.
그 소년은 친절하다.

laugh
'læf
'(을)래'ㅍ
- 동 웃다
- 몡 웃음

The kids laugh together.
아이들이 함께 웃는다.

lie
'laɪ
'(을)라이
- 동 눕다, 거짓말하다
- 몡 거짓말

Don't lie to me.
나에게 거짓말 하지마라.

like
'laɪk
'(을)라이ㅋ

동 좋아하다
전 ~처럼, ~와 같은

I like him.
나는 그가 좋다.

love
'lʌv
'(을)러'ㅂ

동 사랑하다
명 사랑

I like him, but I don't love him.
나는 그를 좋아하지만, 사랑하지는
않는다.

mad
'mæd
'매ㄷ

형 미친, 매우 화난

Are you mad at me?
너는 나한테 화났니?

need
'nid
'니ㄷ

동 필요하다

I need your help.
나는 당신의 도움이 필요합니다.

pardon
'pɑrdən
'파던

명 용서
동 용서하다

pardon me.
죄송합니다.

please
'pliz
'플리ㅈ어

부 제발, 부디
동 기쁘게 하다

Pass me the salt, please?
부디, 나에게 소금을 건네주시겠어요?

question
'kwestʃən
'퀘ㅅ쳔

명 질문, 의문

Do you have any questions?
당신은 질문이 있습니까?

sad
'sæd
'새ㄷ

형 슬픈

She looks sad.
그녀는 슬퍼 보인다.

smile 'smaɪl 'ㅅ마일	동 미소짓다 명 미소		Her smile is beautiful. 그녀의 미소는 아름답다.
sorry 'sɑri 'ㅆ(ㅗ)ㅏ 뤼	형 유감인, 미안한		I'm sorry for being late. 늦어서 죄송합니다.
strange 'streɪndʒ 'ㅅㅌ뤠인지	형 이상한, 낯선		Don't talk to the strange man. 낯선 사람에게 말 걸지 마라.
surprise sər'praɪz 서'ㅍ롸이ㅈㅇ	동 놀라게 하다 명 놀람		I am surprised to see her here. 나는 그녀를 여기서 보게 되어 놀랐다.
thank 'θæŋk 'ㅅ탱ㅋ	동 감사하다		I thanked her for the present. 나는 그녀에게 선물에 대해 감사했다.
thirsty 'θɜ·sti 'ㅅ털-ㅅ티	형 목마른, 갈망하는		Are you thirsty? 너 목마르니?
tired 'taɪərd '타이ㅓ-ㄷ	형 피곤한, 싫증난		My father looks tired. 나의 아버지는 피곤해 보이신다.
touch 'tətʃ '터치	동 만지다, 감동시키다 명 만짐, 촉감		Please don't touch the smart phone. 부디 스마트폰을 만지지 마시오.

want
'wɑnt
'완트
동 원하다

I want to buy a car.
나는 차를 사고 싶다.

welcome
'welkəm
'웰컴
동 환영하다
명 환영

Welcome to Incheon.
인천에 오신 것을 환영합니다.

wonder
'wʌndər
'원더-
명 놀라움, 궁금
동 궁금해하다

The fact is no wonder.
그 사실은 놀랄 일이 아니다.

dream
'drim
'드림
명 꿈
동 꿈꾸다

Have a nice dream.
좋은 꿈 꾸어라.

peace
'pis
'피ㅅ
명 평화

The dove is a symbol of peace.
비둘기는 평화의 상징이다.

quiet
kwaɪət
'쿠아이얻
형 조용한, 평온한

Be quiet.
조용히 해 .

rest
'rest
'뤠ㅅㅌ
명 휴식, 나머지
동 쉬다

I need some rest.
나는 좀 휴식이 필요하다.

safe
'seɪf
'세이'ㅍ
형 안전한

You are safe with me.
너는 나와 함께 안전하다. (나만 믿어.)

sleep s'lip ㅅ'맆	동 잠자다 명 잠		I didn't sleep yesterday. 나는 어제 못 잤다.
vacation ve'keɪʃən 베'케이쉬언	명 휴가		I went to the beach for vacation. 나는 휴가로 해변에 갔다.
wake 'weɪk '웨익	동 잠 깨다, 깨우다		I woke up at 8 a.m. 나는 아침 8시에 깼다.
know 'noʊ '노ㅜ	동 알다		I know his name. 나는 그의 이름을 안다.
learn 'lɜn '(을)런-은	동 배우다		I learned to dance. 나는 춤 추는 것을 배웠다.
lesson 'lesən '(을)레쓴	명 수업, 학과, 레슨		I take music lessons. 나는 음악 수업을 받는다.
matter 'mætər '매터-	명 문제, 물질 동 중요하다		It doesn't matter to me. 그것은 나에게 중요하지 않다.
plan 'plæn '플랜	명 계획 동 계획하다		I have a great plan. 나는 훌륭한 계획이 있다.

problem
'prɑbləm
'프롸블럼

명 문제

My car has a problem.
나의 차는 문제가 있다.

---

remember
rə'membər
뤼'멤버-

동 기억하다

Do you remember his face?
당신은 그의 얼굴을 기억하나요?

---

study
'stʌdi
'ㅅ터디

동 공부하다, 연구하다
명 공부

I studied hard yesterday.
나는 어제 열심히 공부했다.

---

stupid
'stupəd
'ㅅ튜핃

형 어리석은

He isn't stupid.
그는 멍청하지 않다.

---

teach
'titʃ
'티치

동 가르치다

He teaches French.
그는 프랑스어를 가르친다.

---

think
'θɪŋk
'ㅅ팅ㅋ

동 생각하다

I think she is kind.
나는 그녀가 친절하다고 생각한다.

---

understand
ˌʌndər'stænd
ˌ언더'ㅅ탠ㄷ

동 이해하다

I don't understand the question.
나는 그 질문이 이해되지 않는다.

---

address
'æˌdrɛs
'애ˌ드뤠ㅅ

명 주소, 연설
동 연설하다, 말 걸다

What's your address?
당신의 주소가 어떻게 되나요?

answer
'ænsər
'앤써

몡 대답, 해답
통 대답하다

She didn't answer the question.
그녀는 그 질문에 대답하지 않았다.

ask
'æsk
'애ㅅㅋ

통 묻다, 청하다

I asked her some questions.
나는 그녀에게 몇가지 질문을 물었다.

bye
baɪ
바이

깜 "안녕"

Good bye.
안녕. (잘 가.)

call
'kɒl
'ㅋ(ㅗ)알

몡 부름, 전화
통 부르다, 전화하다

I called him yesterday.
나는 어제 그에게 전화했다.

hello
hə'loʊ
헤'(을)로ㅜ

깜 "안녕하세요",
"여보세요", "이봐"

Hello, everyone?
모두들 안녕하세요?

hi
'haɪ
'하이

깜 "안녕하세요"

Hi? I am Sora.
안녕? 나는 소라야.

oh
'oʊ
'오ㅜ

깜 "오!"

Oh, boy!
오, 이런!

okay
ˌoʊ'keɪ
ˌ오ㅜ'케이

몡 허락
통 허락하다
깜 "좋아"

Okay, do it.
좋아, 그거 해.

read
rid
뤼ㄷ

동 읽다

I read a book last night.
나는 지난밤 책을 읽었다.

say
seɪ
'세이

동 말하다

I said that he was stupid.
나는 그가 멍청하다고 말했다.

shout
ʃaʊt
'쉬ㅏ웉

동 외치다

Don't shout at me.
나에게 외치지 마.
(나에게 소리 지르지마.)

speak
'spik
'ㅅ픽

동 말하다

I can speak English.
나는 영어로 말할 수 있다.

spell
spel
'ㅅ펠

동 철자를 말하다

Can you spell your name?
당신 이름의 철자 좀 불러줄 수
있나요?

talk
'tɔk
'ㅌ(ㅗ)억

동 말하다

We are talking about her.
우리는 그녀에 대해 이야기하고 있다.

tell
'tel
'텔

동 말하다

I told her my secret.
나는 그녀에게 나의 비밀을 말했다.

word
'wɜ·d
'워어-ㄷ

명 단어, 말

Please spell that word for me.
부디 그 단어의 철자를 말해주세요.

yeah
'jæ
'예ㅏ

웹 "예", "네"

Yeah, I am ready.
그래, 준비 됐어.

yes
'jes
'예ㅅ

웹 "네"

Yes, I did.
그래, 내가 했어. (그래, 그렇다니까.)

base
'beɪs
'베이ㅅ

명 기초, 근거

Love is the base of life.
사랑은 삶의 기반이다.

how
'haʊ
'하ㅜ

접 어떻게, 얼마나

How do you know him?
당신은 그를 어떻게 아나요?

just
dʒəst
쥐ㅅㅌ

부 단지, 바로, 거의
형 올바른

I'm just angry at myself.
나는 단지 나 자신에게 화가 난다.

why
'waɪ
'와이

접 왜

Why are you angry at me?
당신은 왜 나에게 화났어요?

can
kæn
캔

동 ~할 수 있다
명 캔, 깡통

I can speak Korean.
나는 한국어를 할 수 있다.

chance
'tʃæns
'챈ㅅ

명 기회, 우연, 가능성

I lost the good chance.
나는 좋은 기회를 놓쳤다.

luck
'lək
'(을)럭

명 행운

Good luck!
행운을 빕니다!

may
'meɪ
'메이

동 ~해도 좋다, ~일지도 모른다
명 5월

She may speak French.
그녀는 프랑스어를 할지도 모른다.

must
mʌst
머ㅅㅌ

동 ~해야 한다, ~가 틀림없다

I must keep the rule.
나는 규칙을 지켜야 한다.

pick
'pɪk
'픽

동 따다, 고르다

She picked an apple from the tree.
그녀는 나무에서 사과를 땄다.

shall
ʃæl
쉘

동 ~일 것이다, ~할까요

Shall we dance?
우리 춤 출까요?

sure
'ʃʊr
'쉬ㅓ

형 확실한
입 "물론"

Are you sure?
확실한가요?

will
wɪl
윌

동 ~일 것이다
명 의지

I will be a doctor.
나는 의사가 될거야.

so
'soʊ
'소ㅜ

부 그렇게, 매우
접 그래서

I was upset, so I didn't say anything.
나는 화가 났다, 그래서 나는 아무 말도 하지 않았다.

too
'tu
'투

부 또한, 너무나

I'm thirsty, too.
나 또한 목이 마르다.

very
'veri
''베뤼

부 매우

I'm very thirsty.
나는 몹시 목이 마르다.

hard
'hard
'하드

형 단단한, 열심인, 어려운

I worked hard yesterday.
나는 어제 열심히 일했다.

heavy
'hevi
'헤'비

형 무거운, 심한

This box is heavy.
이 상자는 무겁다.

ill
'ɪl
'일

형 병든
부 나쁘게

She fell ill.
그녀는 병이 났다.

sick
'sɪk
'식

형 아픈, 병든

She was sick.
그녀는 아팠다.

soft
'saft
'ㅅ(ㅗ)ㅏ'ㅍㅌ

형 부드러운, 온화한

The bed is soft.
그 침대는 부드럽다.

strong
'stroŋ
'ㅅㅌ로(ㅗ)앙

형 강한

He is a strong man.
그는 강한 사람이다.

weak
'wik
'윅

형 약한

He is weak, so he can't work.
그는 몸이 약해서 일할 수 없다.

---

other
'ʌðər
'아ㄷ허

명 다른 것[사람]
형 다른

He doesn't care about other people.
그는 다른 사람들에 대해 신경 쓰지 않는다.

---

same
'seɪm
'세임

형 같은
부 같게

They are the same age.
그들은 같은 나이다.

---

all
ɔl
(ㅗ)얼

형 모든
부 완전히
명 모든 것

All the students are here.
모든 학생들이 여기 있다.

---

any
'eni
'에니

형 어떤, 얼마간의
부 조금도 (아닌)

Do you have any idea?
너는 어떤 생각이 있니?

---

cheap
'tʃip
'췹

형 (값이) 싼

I bought a cheap car.
나는 싼 차를 샀다.

---

count
'kaʊnt
'카운ㅌ

동 (수를) 세다, 계산하다

Count to ten.
10까지 세라.

---

empty
'empti
'엠ㅍ티

형 빈, 비어있는

The box is empty.
상자가 비어 있다.

121

enough
ə'nəf
이'너'ㅍ

형 충분한
부 충분히

I have enough money.
나는 충분한 돈을 가지고 있다.

---

every
'evri
'에'ㅂ뤼

형 모든, 매 ~마다의

I am happy every day.
나는 매일 행복하다.

---

few
'fju
"퓨

명 몇몇 (부정)
형 거의 없는 (부정)

I have few friends.
나는 친구가 거의 없다.

---

fill
'fɪl
"필

동 채우다, 가득 차다

I can't fill this box.
나는 이 상자를 채울 수 없다.

---

full
'ful
"풀

형 가득 찬, 완전한

This box is full of oranges.
이 상자는 오렌지로 가득 차 있다.

---

half
'hæf
'해'ㅍ

명 절반
형 절반의

He ate half of the watermelon.
그는 수박의 절반을 먹었다.

---

hundred
'hʌndrəd
'헌ㄷ뤠ㄷ

명 100, 백

She bought one hundred roses.
그녀는 백 송이의 장미꽃을 샀다.

---

lot
'lat
'(을)랕

명 다량, 뽑기

She eats a lot of vegetables.
그녀는 많은 채소를 먹는다.

---

many
'meni
'메니

형 다수의, 많은
부 많이

I have many friends.
나는 친구들이 많다.

million
'mɪljən
'밀리연

명 100만

A million stars filled the sky.
백만 개의 별이 하늘을 가득 채웠다.

much
'mʌtʃ
'뭐치

형 많은
부 많이

I earned much money last year.
나는 작년에 많은 돈을 벌었다.

number
'nʌmbr̩
'넘버-

명 숫자, 수

She forgot his phone number.
그녀는 그의 전화번호를 잊었다.

only
'ounli
'오운리

형 유일한
부 오직, 단지

She is an only child.
그녀는 외동이다.
(그녀는 형제가 없다.)

pair
'per
'페어-

명 한 쌍
동 짝을 짓다

I bought a pair of socks.
나는 양말 한 켤레를 샀다.

poor
'pʊr
'푸어-

형 가난한, 불쌍한

The boy looks poor.
그 소년은 가난해 보인다.

rich
'rɪtʃ
'뤼치

형 부유한, 풍부한

He is rich.
그는 부유하다.

some
sʌm
썸

형 조금의, 몇몇의
명 조금, 약간

Some people are rich.
몇몇 사람들은 부유하다.

thousand
ˈθaʊzənd
ˈㅅ타ㅜ즈언드

명 1,000, 천

Korea has a history of five thousand years.
한국은 5천년의 역사를 지니고 있다.

twice
ˈtwaɪs
ˈ트와이ㅅ

부 두 번, 두 배로

×2

I play the violin twice a week.
나는 일주일에 두 번 바이올린을 연주한다.

zero
ˈzɪroʊ
ˈ지뤄우

명 0, 영

I got a zero on my exercise test.
나는 운동 테스트에서 0점을 받았다.

group
ˈgrup
ˈㄱ룹

명 단체, 그룹, 무리

There was a group of trees.
나무들이 한 무리 있었다.

join
ˈdʒɔɪn
ˌ쥐(ㅗ)ㅓ인

동 가입하다, 연결하다

I joined the club.
나는 그 클럽에 가입했다.

meet
ˈmit
ˈ밑

동 만나다

I met her at school.
나는 그녀를 학교에서 만났다.

party
ˈparti
ˈ파티

명 파티, 잔치, 단체

I sometimes throw a party in my house.
나는 가끔 집에서 파티를 연다.

act
'ækt
'액트

동 행동하다
명 행동

Please act like an adult.
제발 어른답게 행동하세요.

---

climb
'klaɪm
'클라임

동 오르다, 등반하다

Cats climb trees.
고양이는 나무에 올라간다.

---

dance
'dæns
'댄ㅅ

동 춤추다

I like to dance with him.
나는 그와 춤추는 것을 좋아한다.

---

do
du
두

동 ~을 하다, 행하다

I can do it.
나는 그것을 할 수 있다.

---

exercise
'eksər,saɪz
'엑서,사이ㅈo

명 연습, 운동
동 운동하다, 발휘하다

You need exercise.
당신은 운동이 필요합니다.

---

game
'geɪm
'게임

명 게임, 놀이, 경기

The game was over.
경기가 끝났다.

---

let
'let
'(을)렡

동 ~하게 하다

He let the kids play outside.
그는 아이들이 바깥에서 놀게 했다.

---

movie
'muvi
'무'비

명 영화

I like to go to the movies.
나는 영화를 보러 가고 싶다.

play
'pleɪ
'플레이

동 놀다, 경기하다, 재생하다, 연주하다
명 놀이, 연극

I play soccer after school.
나는 방과 후에 축구를 한다.

practice
'præk.tɪs
'프뢕,티ㅅ

명 연습, 습관

Practice makes perfect.
연습은 완벽을 만든다.

pull
'pʊl
'풀

동 당기다

I pulled the plug.
나는 플러그를 당겼다.

push
'pʊʃ
'푸쉬

동 밀다

I pushed the door.
나는 문을 밀었다.

soccer
'sɑkər
'싸커-

명 축구

I play soccer with my brother.
나는 나의 남자형제와 축구를 한다.

sport
'sport
'ㅅㅍ(ㅗ)ㅓ-ㅌ

명 운동경기, 스포츠

Soccer is my favorite sport.
축구는 내가 가장 좋아하는 운동이다.

swim
'swɪm
'ㅅ윔

동 수영하다

I can swim in the river.
나는 강에서 수영을 할 수 있다.

swing
'swɪŋ
'ㅅ윙

명 그네
동 흔들리다

I pushed the swing.
나는 그네를 밀었다.

tennis
'te.nɪs
'테,니ㅅ

명 테니스

I play tennis every day.
나는 매일 테니스를 친다.

throw
'θroʊ
'ㅅ트뤄ㅜ

동 던지다

I threw the tennis ball at him.
나는 그에게 테니스 공을 던졌다.

toy
,tɔɪ
,ㅌ(ㅗ)ㅓ이

명 장난감

My son likes toys.
나의 아들은 장난감을 좋아한다.

use
'juz
'유ㅈㅇ

동 사용하다

I use a fork to eat spaghetti.
나는 스파게티를 먹을 때 포크를
사용한다.

work
'wɜ·k
'월-ㅋ

명 일
동 일하다

I work in her office.
나는 그녀의 사무실에서 일한다.

fight
'faɪt
''파이ㅌ

명 싸움
동 싸우다

Don't fight with your sister.
너의 여자형제와 싸우지 말아라.

hit
'hɪt
'힡

동 때리다

The ball hit her in the eye.
그 공이 그녀의 눈을 때렸다.

hurt
'hɜ·t
'헐-ㅌ

동 다치게 하다, 아프다

My eyes are hurting.
나의 눈이 아프다.

kick
'kɪk
'킥

동 차다

Kick the ball hard.
공을 세게 차라.

---

knock
'nɑk
'낙

동 두드리다, 노크하다

Someone knocked the door.
누군가가 문을 두드렸다.

---

shoot
'ʃut
'쉬웉

동 쏘다

Don't shoot me.
나를 쏘지 말아라.

---

strike
'straɪk
'ㅅㅌ롸이ㅋ

동 때리다, 치다

Lightning struck a tree.
번개가 나무를 쳤다.

---

war
'wɔr
'우(ㅗ)ㅓ-

명 전쟁

The war is over.
전쟁은 끝났다.

---

win
'wɪn
'윈

동 이기다

He wins every time.
그는 매번 이긴다.

---

help
'help
'헬ㅍ

동 돕다
명 도움

I helped him to walk.
나는 그가 걷도록 도왔다.

---

ready
'redi
'뤠디

형 준비된

Are you ready?
당신은 준비됐나요?

---

service
'sɛːvəs
'설-'비ㅅ

명 봉사, 서비스, 관청
동 봉사하다

Their service was excellent.
그들의 봉사[서비스]는 훌륭했다.

again
ə'gen
어'겐

부 한 번 더, 다시

Can we see you again?
우리가 널 다시 볼 수 있을까?

repeat
rə'pit
리'핕

동 반복하다
명 반복

Can you repeat your name?
이름을 다시 한번 말씀해 주시겠어요?

test
'test
'테ㅅ트

명 시험, 실험
동 시험하다, 실험하다

Are you ready for the test?
너는 시험 준비를 했니?

try
'traɪ
'트롸이

동 시도하다, 노력하다
명 시도, 노력

I tried to pass the test.
나는 시험에 합격하려고 노력했다.

begin
bɪ'gɪn
비'긴

동 시작하다

I began to study.
나는 공부를 시작했다.

end
'end
'엔드

명 끝
동 끝나다

Everything has a beginning and an end.
모든 것은 시작과 끝이 있다.

finish
'fɪnɪʃ
''피니쉬

동 끝내다

I finished my homework.
나는 숙제를 끝냈다.

fresh
'freʃ
프뤠쉬
형 신선한, 새로운

I want fresh juice.
나는 신선한 주스를 원한다.

introduce
ˌɪntrəˈdus
인트로듀ㅅ
동 소개하다, 도입하다

Let me introduce myself.
내 소개를 하겠습니다.

new
nu
뉴
형 새로운

Happy new year!
새해 복 많이 받으세요!

start
'start
ㅅ타ㅌ
동 시작하다, 출발하다

A new year is a new start for me.
새해는 내게 새로운 시작이다.

close
klouz
클로ㅜㅈㅇ
동 닫다
형 가까운, 친한

We are very close.
우리는 매우 친하다.

cover
'kʌvər
커버-
명 덮개, 표지, 커버
동 덮다, 감싸다

A carpet covers the floor.
양탄자가 마루를 덮고 있다.

hide
'haɪd
하이ㄷ
동 숨다, 숨기다

I hid the treasure.
나는 보물을 숨겼다.

open
'oupən
오ㅜ픈
동 열다
형 열린

I opened the restaurant.
나는 식당을 열었다.

shut
ʃʌt
'쉬엍

동 닫다

I shut the door.
나는 문을 닫았다.

beautiful
ˈbjutəfəl
'뷰-티'플

형 아름다운

The house is beautiful.
그 집은 아름답다.

big
bɪg
'빅

형 큰

The bear is big.
그 곰은 크다.

circle
ˈsɜkəl
'썰-클

명 원형, 단체

He drew a circle.
그는 원을 그렸다.

corner
ˈkɔrnər
'ㅋ(ㅗ)ㅓ-너

명 모서리, 구석, 코너

The cat is sleeping in the corner of a room.
그 고양이는 방 구석에서 자는 중이다.

deep
dip
'딮

형 깊은
부 깊게

The lake is deep.
그 호수는 깊다.

example
ɪgˈzæmpəl
이그'ㅈ앰플

명 예, 견본

For example, the circle is round.
예를 들자면, 원형은 둥글다.

fat
fæt
''팥

형 뚱뚱한

My brother is fat.
나의 남자형제는 뚱뚱하다.

film
'fɪlm
"필름
명 필름, 영화

I am watching a film.
나는 영화를 보는 중이다.

gas
gæs
'개ㅅ
명 기체, 가스

Gas has no shape.
가스는 모양이 없다.

hole
hoʊl
호울
명 구멍

The rabbit went into the hole.
그 토끼는 구멍으로 들어갔다.

large
'lardʒ
'(을)라지
형 큰, 넓은

Do you have this skirt in a large size?
이 치마 큰 사이즈 있나요?

little
'lɪtəl
'(을)릴을
형 작은, 어린

The little girl is cute.
그 어린 소녀는 귀엽다.

long
'lɔŋ
'(을)ㄹ(ㄴ)엉
형 긴
부 길게, 오래

A giraffe has a long neck.
기린은 목이 길다.

model
'madəl
'마덜
명 모델, 모형, 모범

The model is tall.
그 모델은 키가 컸다.

narrow
'neroʊ
'네로ㅜ
형 좁은
동 좁히다

The road is narrow.
그 길은 좁다.

piece
'pɪs
'피ㅅ

명 조각, 부분

I ate a piece of pizza.
나는 피자 한조각을 먹었다.

pretty
'prɪti
'프뤼티

형 예쁜
부 상당히, 꽤

She looks pretty.
그녀는 예뻐 보인다.

round
'raʊnd
'롸운ㄷ

형 둥근
부 둘레에

There are round plates on the table.
탁자 위에 둥근 접시들이 있다.

shape
'ʃeɪp
'쉬ㅔ잎

명 모양

Its shape is round.
그것의 모양은 둥글다.

sheet
'ʃit
'쉬ㅌ

명 한 장, 한 판, 시트

Can you pass me the sheet of paper?
종이 한 장만 건네주시겠어요?

short
'ʃɔrt
'쉬(ㅗ)ㅓ-ㅌ

형 짧은, 키 작은, 부족한

Art is long, and life is short.
예술은 길고, 인생은 짧다.

size
'saɪz
'사이ㅈㅇ

명 크기, 사이즈

What is your shirt size?
셔츠 사이즈가 어떻게 되나요?

small
'smɒl
'ㅅㅁ(ㅗ)알

형 작은

My shirt size is small.
나의 셔츠의 사이즈가 작다.

smoke
smouk
ㅅ모욱

동 담배 피우다
명 연기

He doesn't smoke anymore.
그는 더 이상 담배를 피우지 않는다.

square
skwer
'ㅅ퀘ㅓ-

명 정사각형, 광장

The window is square.
그 창문은 정사각형이다.

steam
'stim
'ㅅ팀

명 증기

The steam is really hot.
수증기가 정말 뜨겁다.

straight
'streɪt
'ㅅ트뤠잍

형 곧은, 일직선의
부 똑바로

Go straight and turn left.
직진으로 가서 왼쪽으로 돌아라.

tall
'tɔl
'ㅌ(ㅗ)알

형 키가 큰

Is he tall or short?
그는 키가 큰가요, 작은가요?

thick
'θɪk
'ㅅ틱

형 두꺼운, 빽빽한

The wall is very thick.
그 벽은 매우 두껍다.

thin
'θɪn
'ㅅ틴

형 얇은

He is tall and thin.
그는 키가 크고 마르다.

wide
'waɪd
'와이ㄷ

형 넓은
부 넓게

The world is wide.
세상은 넓다.

break
'breɪk
'브레익

동 깨다, 고장나다
명 파손, 중단, 휴식

Someone broke the window.
누군가가 창문을 깼다.

cut
'kət
'컽

동 자르다, 중단하다

She cut the paper with scissors.
그녀는 가위로 종이를 잘랐다.

fix
'fɪks
'픽ㅅ

동 고치다, 고정시키다

Can you fix the radio?
당신은 라디오를 고칠 수 있나요?

seat
'sit
'씯

명 좌석
동 앉히다

This seat is only for her.
이 좌석은 그녀만을 위한 것이다.

sit
'sɪt
'씯

동 앉다

Don't sit down.
앉지 말아라.

stand
'stænd
'스탠ㄷ

동 서다, 세우다

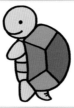

Don't sit down, stand up!
앉지 말고, 일어나!

stay
'steɪ
'스테이

동 머무르다, 남다

Can I stay longer?
제가 좀 더 있어도 될까요?

stop
'stap
'스탚

동 멈추다
명 정지

I stopped calling her.
나는 그녀에게 전화하는 것을 멈췄다.

wait
'weɪt
'웨잍

동 기다리다

I always wait for her.
나는 항상 그녀를 기다린다.

carry
'kæri
'캐뤼

동 나르다, 지니다

He carried the box to the car.
그는 상자를 차로 옮겼다.

hold
hoʊld
호울ㄷ

동 잡다, 유지하다, 열다

Hold your pencil.
연필을 잡아라.

keep
'kip
'킾

동 지키다, 유지하다

Can you keep a secret?
너는 비밀을 지킬 수 있니?

change
'tʃeɪndʒ
'췌인지

동 바꾸다
명 변화

He changed his mind.
그가 마음을 바꿨다.

grow
'groʊ
'그뤄ㅜ

동 자라다, 기르다

Children grow up so fast.
아이들은 정말 빨리 자란다.

switch
'swɪtʃ
'ㅅ윝치

명 스위치, 전환
동 바꾸다

Turn the switch on.
스위치를 켜라.

buy
'baɪ
'바이

동 사다, 구입하다

They bought a house in the city.
그들은 도시에 집을 샀다.

catch
'kætʃ
'캐치

동 붙잡다, 이해하다

If you can, catch me!
네가 할 수 있다면, 나를 잡아봐!
(나 잡아봐라!)

---

find
'faɪnd
''파인ㄷ

동 찾다, 발견하다

He found a coin on the street.
그는 거리에서 동전을 발견했다.

---

forget
fər'get
ㅍㅓ-'겟

동 잊다

I forgot his birthday.
나는 그의 생일을 잊어 버렸다.

---

get
get
'겟

동 얻다, 갖다

I got a good chance.
나는 좋은 기회를 잡았다.

---

give
'gɪv
'기'ㅂ

동 주다

I gave her money.
나는 그녀에게 돈을 주었다.

---

happen
'hæpən
'해픈

동 발생하다

It happened last week.
그것은 지난주에 일어났다.

---

have
hæv
해'ㅂ

동 가지다, 있다

Do you have a car?
당신은 자동차를 가지고 있습니까?

---

lose
'luz
'(을)루ㅈㅇ

동 잃다, 놓치다, 지다

I lost my wallet.
나는 지갑을 잃어버렸다.

money
'mʌni
'머니

명 돈

Time is money.
시간은 돈이다.

pay
'peɪ
'페이

동 지불하다
명 임금, 지불

Will you pay in cash or by credit card?
현금으로 계산하시겠어요? 신용카드로 계산하시겠어요?

point
'pɔɪnt
'ㅍ(ㅗ)ㅓ인ㅌ

명 점수, 점, 요점

The point is simple.
그 요점은 간단하다.

score
'skɔr
'ㅅㅋ(ㅗ)ㅓ-

명 점수, 득점
동 득점하다

The score was 1-0.
그 점수는 1대 0이었다.

sell
'sel
'쎌

동 팔다

She sold her old car.
그녀는 그녀의 오래된 차를 팔았다.

spend
'spend
'스펜ㄷ

동 쓰다, 사용하다

I spent time reading a book.
나는 책을 읽으며 시간을 보냈다.

take
'teɪk
'테이ㅋ

동 잡다, (시간 등) 걸리다

It takes 2 hours to go to school.
학교 가는데 2시간이 걸린다.

waste
'weɪst
'웨이ㅅㅌ

동 낭비하다
명 낭비, 폐기물

Don't waste your time.
너의 시간을 낭비하지 말아라.